对立的天才

内向者与外向者
如何优势互补

[美] 珍妮弗·B.康维勒 著

赵婷 译

ZHEJIANG UNIVERSITY PRESS
浙江大学出版社

OPPOSITES

目 录

GENIUS 0

OPPOSITES

献给我们的女儿——琳茜和杰茜，
她们打开了我的心灵。

GENIUS OF OPPOSITES

前　言

> "这归结为不同风格的问题。工作中大部分矛盾都由此产生。珍妮弗，你属于外向型人格，而你的助手艾米则属于内向型人格。如果你不能接受这个基本事实并且学会如何与她相处，恐怕你的部门永远无法达到你所期待的高度。"

这段话出自公司的外部咨询师彼特（Peter），乍听起来令我难以接受。我确实下了好多功夫试图带动艾米（Amy），希望她能够跟上我的活力和节奏。但我的努力并不奏效。尝试改变艾米并把她塑造成"小珍妮弗"反而使一切变得更加糟糕。我们的工作关系敲响了警钟，我的苦心努力都白费了。

虽然重归于好已经太晚了，但没能与艾米建立高效工作关系的失败经历倒是激发我去深入地研究内向者和外向者。我在咨询、指导和演讲领域工作超过30年，这本书是我在职业生涯中对知名或不太知名的内、外向型工作搭档进行大量研究后取得的成果。

在本书中，您会发现与自己性格相反的人相处有时会举步维艰的原因。您将学习到成功的对立型性格搭档会运用的五个核心要素，其像导航仪一样帮助他们在对立型人格关系的深海中不会迷航。您还将发现为什么这五个核心要素如此重要，它们怎样会失效，以及可采取哪些实用对策来帮助内向型和外向型人格共同达成非凡成就。

这本书中有什么

我平时很少从头到尾地读完一整本书，因此，在编排上我尽量使这本书更便于读者阅读，每个章节最后都加入了简要小结和思考题。这样您可以更容易地浏览并选取您感兴趣的内容阅读。

本书在开篇介绍中简述了主题：性格相反的搭档只有将注意力不再只集中于彼此的不同点，而是求同存异，朝着共同目标迈进，才能共同达成非凡成就。

在第一章"谁在上演不可思议的对手戏？"

中，您将了解内向者和外向者合作共事的优势力量和摩擦点。

第二章"如何将水和油混合？"阐明了对立天才的五步制胜法则，这是本书的根基所在。您将学习自己和相反性格的搭档如何"接纳不同、点燃分歧、角色分配、消除厌恶"，从而最终明白为什么"一方难全"。章节配有测试题目帮助您评估自己与高效能搭档们有哪些共同点，您可以将测试结果与您的搭档进行比较。

第三章至第七章加入了形形色色的故事，您将读到世界各地的对立型天才搭档在工作中的轶事。您将从他们的经验中学到在处理灵活多变的对立型合作关系时需要做到以及避免的事项。

第八章是对结果的综述，并助推您启动属于自己的成功计划。

所以，您是否已做好准备来阅读这样的故事：

◎享誉全球的作曲家搭档已经创作了一系列令人惊叹的曲目，他们本可以为世界带来更多佳作，却不堪忍受对彼此的厌恶。

◎汽车行业前CEO由于不成功的"平等合并"

而被新CEO挤下台。

◎独具慧眼的影评人搭档陷入彼此竞争而无暇欣赏对方的杰出天赋。

◎经验丰富的专业咨询师由于不能调和彼此的风格并对公司做出调整因而在经济衰退中分道扬镳。

世界上约50%的人归属于内向型或者外向型人格，由此看来您曾经接触过或将要接触到相反性格搭档的概率非常大。您的投资结果是极其成功还是损失惨重就取决于您与对立型人格同步还是两极化。也许您已经离开了某个项目，原因就是项目中的某个核心成员是与你相反的性格，使您产生了难以克服的挫败感。

在这里我们无法计算有多少突破性的天才想法因为对立性格搭档无法跨越彼此差异所造成的障碍而被扼杀在摇篮里。您可能会想到自己的职业生涯中遇到过的案例。

其实事情并非一定是这个样子的……

GENIUS OF OPPOSITES

引　言

看似简单却异常微妙的性格平衡

内向型性格和外向型性格的人成为搭档，往往能达成非凡的成就，就像甲壳虫乐队的约翰·列侬（John Lennon）和保罗·麦卡尼（Paul McCartney），脸书网的创始人马克·扎克伯格（Mark Zuckerberg）和首席运营官雪莉·桑德伯格（Sheryl Sandberg），苹果的创始人史蒂夫·乔布斯（Steve Jobs）和史蒂夫·沃兹尼亚克（Steve Wozniak），美国民权运动领袖戴维·阿伯内西（Ralph David Abernathy）和马丁·路德·金（Martin Luther King Jr.），美国前总统夫妇富兰克林·罗斯福（Franklin Roosevelt）和埃莉诺·罗斯福（Eleanor Roosevelt）。这样性格互补的搭档不胜枚举，在生活中您也常常会发现。

性格相反的人似乎会互相吸引，不是吗？他们作为工作搭档相处融洽，取长补短，相得益彰，共同创造出美妙的和谐。

然而，另一种糟糕的情况也普遍存在。人们可能误解表现卓越的搭档们毫不费力便取得了完美的平衡。事实上，互补的对立性格搭档可能很快闹掰，造成与积极成就相当的负面损失。

性格相反的工作搭档们往往会出现短暂或长期的冰冻和隔阂期。美国咨询专栏作家安·兰德斯（Ann Landers）和艾比盖尔·范·伯仑（Abigail Van Buren）是一对双胞胎姐妹，但她们竟有 7 年未跟对方说话。政治家泰迪·罗斯福（Teddy Roosevelt）和威廉·霍华德·塔夫脱（William Howard Taft）也因政治葬送了彼此的友谊。诺贝尔奖获得者、科学家詹姆斯·沃森（James Watson）和弗朗西斯·克里克（Francis Crick）在发现DNA遗传物质后即分道扬镳。我们知道太多对立性格搭档的此类经历和关系破裂带来的痛苦。

我们可以用婚姻来类比这种现象。成功的婚姻需要解决在最初的吸引淡去、蜜月期结束后夫妻双方应该如何相处的问题。我们知道这需要夫妻双方共同的努力，幸福的婚姻并非一蹴而就。

事实上，性格相反的搭档关系需要时时保持谨慎、细心维护和精妙互补。如果不是如此专注地维系关系，这些搭档们不仅会遭遇挫败，还会导致潜在的伟大成就化为泡影。在工作中，他们的公司、客户和顾客都可能会因此受到损失。

那么，成功的核心秘诀是什么呢？

关键在于只有当性格相反的搭档不再只关注各自的不同之处，而是求同存异、朝着共同目标推进时，合作关系才会取得巨大成功。

为什么是时候谈谈对立的天才

"你知道谁该来这里吗？"

多年来，我致力于培训和指导内向性格的人发现领导力、发出声音、成就不同的事业。每次我举办研讨会时，经常会有内向性格的学员对我说，"珍妮弗，你知道谁该来这里吗？我的老板、我的配偶、我的同事！他们需要来听听内向性格的人的意见并没有错，并且我们有好多长处可以发挥。我并不讨厌外向性格的人；实际上，我的孩子就是外向性格的。我欣赏他们开朗外向的方式，但我在跟他们交流时根本插不上话！"

性格相反的人总是指责评论对方。内向者觉得外向者总是没想好就开口说话、用过多的语言表达自己、不能耐心聆听并且表现得以自我为中心。内向者也知道自己较慢的节奏和深思熟虑的措辞经常把外向者惹毛。内向者更是对如何管理外向型性格的同事每天的活力四射和滔滔不绝感到困扰不已。

外向型性格的人也显得同样抓狂。他们觉得内向型性格的人总是反应很慢、不表露情绪、不重视自身取得的成就。外向者不能理解为什么内向者需要属于自己的安静时光，并且对内向者需要深思熟虑才做出反应感到恼火，恨不得"把嘴掰开"才能得到对方一个痛快的答案。

外向者也明白被自己视为优点的外向活力经常会令更安静的同事吃不消，但他们也不清楚哪里能找到开关将马力调得低一点。对他们来说，内向者的安静反而使公司丧失了潜在的创新思想。

性格相反的搭档可令产出呈指数倍增

至今尚没有任何流程法则来融合内向型和外向型人才。但您会惊奇地发现：如果技巧性地融合外向性格和内向性格人才，实现优势互补，释放双方的能量，得到的结果不仅仅是做加法，而是呈指数倍增的成果。

就好像有一组人只能看到近处，而另一组人只能看到远处，当两组人走到一起并且同心协力时，突然，整个画面会变得清晰，可以达到任何一组人都无法单独实现的成就。两种风格的人相互合作不仅使个人受益匪浅，对公司同样是宝贵的财富，可以提升士气，超越既定目标，助推企业勇攀高峰。

合作关系是新型工作模式

个人主义、自我中心的职业发展方式在当今已经悄然转向更加注重合作的方向。在新型工作模式下，之前的竞争者重新走到一起成为合作伙伴，销售者与消费者互相带动，国际合作伙伴为实现目标漂洋过海，跨越国界谋发展、谋合作。要想使对立型性格关系得到蓬勃发展，双方都要明白性格划分的关键维度——内向型性格和外向型性格，并且利用这个知识来强化自我和伙伴关系。

如何真正处理好内向者和外向者的人际关系？

在我的前两部作品《内向者的"静"争力》（*Introverted Leader*）和《安静的艺术》（*Quiet Influence*）以及苏珊·凯恩（Susan Cain）的《安静》（*Quiet*）等作品问世后，关于内向者的话题深深触动了读者的神经，引起广泛共鸣。在社会上，掀起了关于内向者的风潮，引发人们更多地去了解内向者。成百上千的读者告诉我，他们感到终于得到了认可。大大小小的公司和社会组织更加认真公正地看待内向员工，甚至将内向者作为企业多元化的重要组成部分。相关培训和口才提升课程的需求迅速增加，一些企业还增设了安静办公区来满足内向者的需求，这些都印证了社会对于内向者态度的华丽转变。

本书是站在无数内向者和外向者的肩膀上完成的，他们在过去10年的时间中向我敞开心扉，也开启了我的一扇窗。无数次在我演讲前后的谈话中，无数次在我网上社区的交流中，他们向我提问如何和"另一半"相处。"内向者和外向者如何能共同达成伟大成就？""如何能真正处理好内向者和外向者的人际关系？"他们不断问我。大量的提问和人们普遍对该问题的浓厚兴趣告诉我，是时候去探索藏在性格平衡中的奥妙和元素了。所以我就自然而然地走到了这一步。

在对方的语言中自由穿梭

内向者和外向者越早地熟悉彼此不同的语言，便能越快实现共同达成非凡成就的目标。在办公室里、电话会议上、短信中，我们一起共事，却时常感觉内向者和外向者分明在说着两种语言。我们需要学习如何在尽量减轻压力的情况下在对方的语言中自由穿梭。

一旦能做到这一点，我们不仅能取得成绩，更能带来个人愉悦感。德布·纽曼（Deb Newman）是一名外向性格的企业培训师，她在工作中与内向者紧密合作。在提到她的内向性格的同事兼好友哈里·艾格顿（Harry Eggleton）时，德布评价说：

"跟他在一起不用比赛抢风头,哈里是我最好的粉丝。在我脆弱的时候,他也能发掘我身上的力量。"哈里则表示:"德布身上好像自带天线,能感应和接收到其他人的需求。我们将指挥棒传递给对方,并不在意到底是谁在享受乐趣。"

我的研究发现了什么?

为了深入了解对立型性格搭档,在对立天才的模型和内核最终浮出水面之前,我采访了40多对性格相反的搭档。这个模型的建立也部分来源于本人多年跟对立性格搭档的交流。这些被采访者代表了不同的工作领域、性别、年龄、国家和公司。我首先向他们提出几个问题,了解他们与相反性格的同事一起工作是否有动力,之后他们渐渐向我敞开心扉,将他们与相反性格者相处的磕磕绊绊、所得所感与我分享。

对立天才的五步制胜法则

　　通过这些最新研究，我从这些对立搭档的经验和题材中提炼精华，并将他们的秘密武器浓缩成五个关键要素，然后将这五个要素编纂成易于记忆的五步制胜法则。您可以通过阅读发现对立天才的法则是怎样发挥作用的，甚至可以通过测试题目了解自己目前与"天才状态"的距离。

　　当您阅读这本书并聆听其他人的故事时，我希望您可以从中发现与对立性格搭档工作可能带来的无穷力量。故事中的人也许是您目前工作中的某个同事，或是工作中经常打交道的其他相反性格者。期待您能够利用这五步制胜法则唤醒您内在的天才力量，能够像其他成功搭档一样在对立合作中成就以往孤军奋战无法实现的非凡成就，从而感受无穷的乐趣。

这本书是写给谁的?

本书适用于世界各国的内向型性格和外向型性格工作者,他们有机会在公司多元化组织的内部及外部与他人建立合作关系。这种合作关系不仅限于公司内部合作,还包括公司外部与客户、供应商、战略合作伙伴等之间的合作。另外,本书还适用于培训师、辅导人员、管理人员,如果您希望激发员工的最佳工作状态,那么您也将从本书提出的观点和对策中受益。

我们在这儿先预览一下对立天才的制胜法则。

对立天才的五步制胜法则

五步法则中的每个要素都是稳固合作关系的重要组成部分。具体包括:接纳不同、点燃分歧、角色分配、消除厌恶和一方难全。

1. 接纳不同：你无法改变你的对立性格搭档，但可以去理解他们。
   一旦你能够接纳这个事实，你会感到如释重负。
2. 点燃分歧：将不同意见看作取得更好结果的必要过程，因为你们
   在挑战对方的过程中取得了超越单独任何一方的最佳解决方案。
3. 分配角色：了解每个人该扮演的角色并进行角色分配，这样才能
   使搭档双方投入演出、全情释放。无论双方扮演的角色是什么，
   功劳和荣誉都是两个人共享的。
4. 消除厌恶：当搭档双方彼此尊重并且能够像朋友一样相处时，你
   们可以自由开放地交谈，并且享受乐趣。
5. 一方难全：明白搭档任何一方都无法提供所有的东西，要实现真
   正的多样性就需要合作，为他人提供最大范围的选择。

图1　对立天才的五步制胜法则

避免功亏一篑

对立性格搭档可以带来的诸多好处已显而易见，但仍需注意对立搭档关系如果没有得到妥善维护，付出的代价也是惨重的。每个成功的对立性格搭档故事的背后都有四五个失败的案例，他们因无法调和彼此不同的风格而功亏一篑。

如果您和搭档已经融洽相处，那么本书可以作为关系维护守则，您的关注重点要放在避免产生矛盾冲突而使所有经营毁于一旦。如果您刚开始与相反性格的搭档建立合作关系，这本书可以帮您预防犯下严重而不可挽回的错误。在关系稳固后，它将继续成为您的维护守则。请读者们在实践中注意互尊互敬、保持谨慎。再强调一遍：对立的天才不是唾手可得的。

本章小结
GENIUS OF OPPOSITES

第一部分 基础要素

1

谁在上演不可思议的对手戏？

一个起飞，一个下降，
却总落在同一个机场。
我们错了又改，改了又错，
好让日子正确地过。
试着摆脱，
但我告诉你，杰克，
挣扎也逃不过，
异极相吸的道理，
不要说你没听过。

——引自宝拉·阿巴杜唱片，由奥利佛·雷柏创作[1]

什么是对立的天才?

对立的天才指的是各种合作类型中由内向者和外向者建立的伙伴关系。这种合作关系包括管理者与执行者、创作者与协作者、销售人员与后台支持人员、项目经理与赞助方等。

这样的团队组合可以产生独特的化学反应,从而释放巨大能量,进而取得单打独斗无法企及的非凡成就。但这样的成功并非水到渠成,而是需要共同努力的。成功的魔力源自于搭档之间的差异性。尽管搭档双方风格迥异,但合作成果却高度统一。只有当性格相反的搭档不再只关注各自的不同之处,而是求同存异、朝着共同目标推进时,合作关系才会取得巨大成功。

准确定义内向者和外向者

内向者从内在汲取能量,而外向者则从外部世界获得能量。尽管不少人会认为自己介于两者之间，但确实还是会有一定的倾向性。

人们还可能会在特定情形下表现得更加外向或内向。比如，作为一个外向者，您可能会在大型节日派对上轻松自如地与陌生人打成一片，但面对财务团队时却沉默不语，因为这些人会令您感到缺乏自信。或者您是一个内向者，您可以很好地驾驭有准备的发言，但在与同事共进午餐时却不知道该说点什么。

对于自己属于内向者还是外向者这个犀利的问题，我们可以这样考虑：在与人相处之后，您是否需要时间用于自我调整恢复？如果您响亮而肯定地回答"是"，那么您很可能属于内向者。但如果答案只是一般的肯定，那么您可能更倾向于外向者。尽管这种划分方式算不上特别科学，但却非常实用。

贝斯·比洛（Beth Buelow）是一位内向型企业家领域的专家，著有《内向型企业家：放大优点并与团队共创成就的关键十步》[2]一书。在赞扬一对性格相反却能在商业上相得益彰的搭档时，贝斯说："你们一起为两人能在一起而努力。"[1]这句经典的话准确描述出了本书中您将读到的许多搭档的状态。他们通过不同的方式寻求能够共同取得成就的方法。您也将读到内向型和外向型搭档合作之路上的磕磕绊绊，并学习怎样才能避免冲突。下面就来介绍由于内向者和外向者性格差异导致的一些问题，看看在您的工作或生活中是否发生过类似的情况。

线路不同　差之千里

有些人之所以让我们感到抓狂，往往是因为他们看世界的角度与我们大相径庭。这些不同的视角或特征往往在最初吸引着我们，但渐渐地就变得令人无法忍受。在和我的丈夫比尔约会的时候，我喜欢他深沉从容的风度。但一年后，他长时间的沉默

---

[1] 出自由作者贝斯·比洛亲自朗读的有声读物《内向型的企业家》第66集《与行李箱结婚》。http://theintrovertentrepreneur.com/2014/05/15/ep66-married-with-luggage-a-conversation-with-betsy-warren-talbot/，2014-05-15.

和停顿时常令我感到恼火。"我向他提问时他为什么不做出回应呢？"我想不通。实际上，比尔没有变，他的反应速度跟往常一样，只是婚姻蜜月期结束后，我的心理接纳度不如从前。40多年过去了，他还是以这种方式表达自己。幸运的是，通过学习我明白了内向者和外向者的不同偏好，这帮助我重新解读他的停顿和沉默，并且接受他需要斟酌好再开口的习惯。

除了说话节奏不同，以下这些本质的不同也会导致内向者和外向者之间的矛盾。

线路不同的挑战1：独处还是共处？

内向者需要且享受独处的时光。他们更中意安静、私密的空间，在操作项目时喜欢逐一进行，并且以一对一或是小范围小组的方式进行。外向者总是很难理解，总试图去打破内向者的安静独处。我的丈夫比尔令人啼笑皆非地在他的门上挂了一个大大的"请勿打扰"的牌子,像极了15岁的青春期男孩会做出举动。外向者需要此类明确的信号才能明白当内向者说需要点自己的时间时不是闹着玩的。

作家乔纳森·劳奇(Jonathon Rauch)解释说:"外向者……总是随时欢迎他人的陪伴,也认为别人会随时欢迎自己的加入……尽管我经常向外向者解释这个问题,但我从没有感觉到他们真正理解了。他们听了几分钟,就又继续大声说笑。"[3]

外向者要出去与他人共处才会感到生龙活虎。他们喜欢结识新朋友,喜欢把日程塞满,每天的活动越多越好。外向者史蒂夫·柯恩(Steve Cohn)是一名学习主管,他喜欢在路上和同事们一起吃东西,并且"听周围16个人同时进行对话"。一天,团队里一个内向的成员在下课时对他说:"我上完课感到筋疲力尽了,需要给自己充充电。"然后她就径自回到自己的房间,就这样安静地度过了整晚。柯恩起初感到生气,但转念想想便改变了看法。他解释说："我是教这个的（沟通技巧），所以我可以理解她。"

如果搭档们没有认识到这种不同，就可能会造成误解，排斥不参加晚上社交活动的团队成员。独处还是与人共处的问题还会使客户关系面临挑战。内向者置身于与陌生人搭建人脉的社交场合时会感到手足无措。外向者试图与客户拉近关系时，对方却表现得沉默寡言或者只想谈正事，这也会令外向者感到沮丧。

线路不同的挑战2：想明白还是说清楚？

内向者需要时间和空间来进行思考。即使在寻常谈话中，他们也会仔细考虑别人的话。他们会停下来思考，然后才开口说话，并且善于利用停顿充分吸收每个人的意见。外向者可没有耐心等待内向者完成思考，他们抱怨需要不断提问才能从内向的同事的口中逼出回答，简直焦头烂额，特别是在一些必须做决策的时候。往往是外向者已经准备好要行动了，内向的搭档还在不同的选项间思虑权衡。

外向者常常在可能还没有完全形成自己的观点时就开始发言，但观点却在说的过程中逐渐成形。内向者在一旁听得精疲力竭，对外向者不断更改跳动的思路感到一头雾水。在外向者表述一个新想法时，内向者甚至会误以为他改变了主意，但其实这只是他边说边想到的。外向性格作家艾米丽·阿克塞尔罗德（Emily Axelrod）这样阐述道："狄克（Dick）（艾米丽的丈夫和商业伙伴）曾经被我边想边说的思维方式搞得很糊涂。有一次，我跑到他身旁说，'我们去看电影吧。我们可以看这个、这个、这个或者这个！'他就呆呆地看着我。我突然恍然大悟，他对我说出这么多可以做的选择感到困惑，因为他以为这些事情我们都要做！"

线路不同的挑战3：隐秘还是公开？

内向者注重保守个人隐私，只与几个信得过的人分享私人信息。即使是这样，他们也要在非常了解对方并且十分信赖的情况下才会透露。外向者则希望迅速与他人建立联系并且热络起来。他们可能觉得内向者给人的第一印象是爱答不理、冷漠疏远、不愿自我表露，这直接惹恼了外向者。相反的，内向者觉得过多地提问、快速熟悉并成为朋友是不可靠甚至侵扰的。

外向者需要说话、说话、与每个人说话，这令内向者感到诧异。作家兼领导力咨询师德沃拉·扎克（Devora Zack）在课堂上告诉内向者学员："外向者时常说，'我可以跟任何人谈论任何事情'。"接着，她看见内向者学员们"一个个目瞪口呆，好像第一次看到不明飞行物"[4]。

理清线路

本章小结
GENIUS OF OPPOSITES

　　新型工作模式要求我们相互合作并且理解内向者和外向者不同的线路构造。无法理清两者的不同线路会造成严重的损失，影响合作效率和满意度，并且最终牵连到所服务的客户。

　　您生性喜欢独处还是与人共处、倾向于独自思考还是说出来、希望隐秘还是公开，这些都是引发分歧的潜在原因。尽管合作双方风格迥异，不可思议的搭档却能上演一场场精彩的对手戏，魔力就源自于两人的不同点，最终展现出高度融合、天衣无缝的完美巨作。

2

如何将水和油混合？
——对立天才的制胜法则与测试

　　您是否准备好与对立性格的搭档共创佳绩了呢？估计您在为这激动人心的挑战摩拳擦掌。现在您要做的第一步是审视自己，也就是对目前的合作关系和状况进行评估。透过您的视角，我们来看看哪些方面做得好，哪些需要调整。当然，最理想的是您的对立性格搭档也愿意诚实地参与测试，并且跟您一样有志于将你们的合作推向天才般的新高度。

　　评估合作关系并迈向新阶段的必要途径是完成

本章的简单测试。该测试围绕本书第一章讨论的五个核心要素，专门用来评估您与搭档的互动情况和工作效果。

测试题

在应用本书观点的过程中，您可以使用测试题来评估自己的进步。通过总结和比较那些使对立的天才遥遥领先的优秀特征，您可以发现自己与高效能的搭档有哪些共同点。

测试指南

如果您是内向者，那么在测试时想象您的工作搭档是外向者。如果您是外向者，那么假定您的工作搭档是内向者。如果您不确定自己的性格或觉得自己介于两者之间，请参见本书第一章寻找线索。

通过对您出现以下行为的频率做出评估，分值从1分（从不）到5分（几乎总是）（见表2.1）。

评分指南

您的第一反应通常是最可信的。在评分时不要对自己过于严苛或过于松懈。把自己想象成一个客观公正的裁判，您会给自己基于五个核心要素（见图2.1）的表现怎样打分呢？

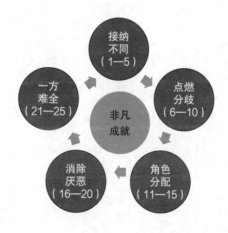

图2.1　对立天才的五步制胜法则

表2.1　五个核心要素的分值分布

	1从不	2很少	3有时	4经常	5几乎总是
接纳不同					
1. 搭档不开口说话，我也能读懂他/她的信号	1从不	2很少	3有时	4经常	5几乎总是
2. 我对相反性格搭档的不同工作方式有耐心	1从不	2很少	3有时	4经常	5几乎总是
3. 我们互相更新信息并定期交流	1从不	2很少	3有时	4经常	5几乎总是
4. 我们找到了快速沟通的捷径	1从不	2很少	3有时	4经常	5几乎总是
5. 我能够接受我无法改变相反性格搭档的事实	1从不	2很少	3有时	4经常	5几乎总是
点燃分歧					
6. 我定期会挑战对立性格搭档的想法	1从不	2很少	3有时	4经常	5几乎总是
7. 在发生冲突时，我把对方的能量获取模式牢记在心	1从不	2很少	3有时	4经常	5几乎总是
8. 当需要调整时我们会停下来暂时休息	1从不	2很少	3有时	4经常	5几乎总是
9. 我们着眼于共同的愿景	1从不	2很少	3有时	4经常	5几乎总是
10. 我们愿意让第三方加入来缓和僵局	1从不	2很少	3有时	4经常	5几乎总是

分配角色

	1从不	2很少	3有时	4经常	5几乎总是
11. 每次任务前我们都讨论谁该扮演什么角色	1从不	2很少	3有时	4经常	5几乎总是
12. 我们功劳平分	1从不	2很少	3有时	4经常	5几乎总是
13. 在需要情况下，我会拥护我的搭档	1从不	2很少	3有时	4经常	5几乎总是
14. 有时，我会打破事先设定的角色	1从不	2很少	3有时	4经常	5几乎总是
15. 我们定期向对方做出反馈	1从不	2很少	3有时	4经常	5几乎总是

消除厌恶

	1从不	2很少	3有时	4经常	5几乎总是
16. 大部分时候，我对我的搭档态度友善	1从不	2很少	3有时	4经常	5几乎总是
17. 我们能够平衡了解了解个人隐私的需求并且分享信息	1从不	2很少	3有时	4经常	5几乎总是
18. 我们可以善意开心地一起大笑	1从不	2很少	3有时	4经常	5几乎总是
19. 我们受到共同价值的启发和鼓舞	1从不	2很少	3有时	4经常	5几乎总是
20. 我把与对立性格搭档的短期友谊当作一次学习的机会	1从不	2很少	3有时	4经常	5几乎总是

一方难全

	1从不	2很少	3有时	4经常	5几乎总是
21. 客户说他们从我们的多样化和差异性观点中收益					
22. 我们收集客户反馈我们的工作有效或无效的相关信息					
23. 在见客户前，我们清楚自己的想法和各自的位置					
24. 我们受到共同价值的启发和鼓舞					
25. 我们采取措施逐步了解内向型或外向型客户的能量模式					

如何解读测试题并进行打分

按照下列步骤操作会使对立的天才测试题发挥最好效果。

1. 找一张纸或在手机上打开一个记事本APP。

2. 将您在测试题上画圈的选项相加求和，作为自己的总得分。

3. 在表2.2中找到您的得分，阅读得分描述，思考得分表中针对提升个人表现的建议。

4. 利用得出的结果测定自己在哪些方面做得好。把它们作为起点，接下来重点关注对立天才的要素，选取与自己相关的内容用于实践，并在学习的过程中整理解决方案。

5. 鼓励你的搭档参与测试并讨论各自的答卷。你们在总得分上有差异吗？每个类别的得分怎么样？根据测试题号参照对立天才的五步法则进行阅读学习。你们是否在某些问题上看法截然不同？

6. 下定决心让自己或者是两人一起共同在某方

面努力。通过开启这个重要的对话，你已经正在通往达成非凡成就的路上。

表2.2　总得分与得分描述及建议

总得分	得分描述和建议
113—125	非常强大。您具备很多高效能对立天才的优势特征。您需要考虑如何发挥自己的优势让合作关系更上一层楼，或者考虑如何能帮助其他对立性格搭档取得更好的合作关系。
100—112	稳固。您在对立天才的优势特征方面表现良好，但仍需关注一些方面的问题。准确地找出您感到心不从心的时刻，回想您和搭档在五个要素的应用上是否有什么不同，进而取得了成功或不成功的结果。
75—99	一般。您需要做出一些努力来提升对立天才的表现。回想您不能高效开展工作的情景，思考是否可以在您与搭档的合作关系中运用一些新的要素。与您的搭档共同讨论解决方案并在尝试实践。
74及以下	有较大提升空间。你需要做出一些努力来发挥对立天才的潜能。开始留意观察自己的行为，并向您的搭档及其他人征求诚实的反馈和建议。从您想提高的一个要素开始努力，并设定在一周时间内要达到的一个特定目标。与您的搭档一起检查自己是否做出了任何改变。

036

对立天才的制胜法则

现在您清楚地了解自己擅长和需要提高的方面,那么在踏上本书的征程前,请时刻在脑海中牢记结论中提到的要素。在下面五章中,我们将逐一探索每个步骤,请特别关注每章结尾处提供的实用对策,您和您的搭档可以拿来直接应用。

在测试题中发现自己
向下一阶段迈进

本章小结
GENIUS OF OPPOSITES

　　为了与您的搭档取得非凡的成绩，首先请完成对立天才的测试题以便对自己和合作关系进行评估。审视自己的得分，确定自己想要提高或改变哪些方面，在阅读中重点关注这些方面，边读边梳理解决方案。鼓励您的搭档也进行测试，把测试当作双方讨论的起点，然后思考对立天才的五个要素，留意第三章到第七章结尾处建议的实用对策，发现自己可以迅速做出哪些改变来更上一层楼。

第二部分　五步制胜

3
接纳不同

请接受你的搭档是个令人心塞的讨厌鬼，请接受你也是个令人心塞的讨厌鬼，所以你们两个搭档简直是天作之合。同样的，请相信你的搭档令人恼火的地方往往也令人兴奋。你热爱的和让你抓狂的是同一个东西，区别只是今天是否是糟糕的一天。

——约书亚·沃尔夫·申克（Joshua Wolf Shenk），
著有《二人权利》（Powers of Two）[5]

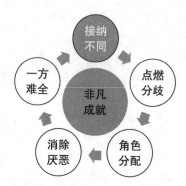

接纳不同：你无法改变你的对立性格搭档，但可以去理解他们。一旦你能够接纳这个事实，你会感到如释重负。

安东尼·莫瑞斯（Anthony Morris）和埃罗尔·拉格兰奇（Errol La Grange）在澳大利亚墨尔本经营着一家线上培训机构。这对性格相反的搭档在一起时，彼此的创造性思维碰撞出无数火花。

安东尼是一个内向者，总是思虑周全、温文尔雅，对我提出的问题会深思熟虑，然后发送完整的回复。埃罗尔是个外向者，总是面带微笑，每天都会上脸书发布状态，喜欢结交世界各地的朋友。他热衷于去咖啡馆，可以跟任何人聊得热火朝天。他们的互补性和风格迥异在我们初次见面时就得以显现。安东尼穿着购自当地鞋店的休闲鞋，用他的话说，那是一双"上等的棕色传统男鞋"。而埃罗尔那双在旧金山淘的松绿色牛仔靴则十分显眼，好多对话都是从这双鞋开始的。

他们双方都致力于创新和拓展全球市场，不断研究如何利用技术来为客户提供最佳学习方案与建议。他们是网络公开课（MOOC）的领导者，旨在领跑全球对这个新兴领域的关注。

在过去10年中，他们共同创业、互相欣赏、彼此尊重，建立了深厚的友谊。安东尼会对埃罗尔会心地微笑，埃罗尔会时不时主动停下来让安东尼发表自己的观点。

埃罗尔表示公开讨论彼此的争议更深化了他们的伙伴关系。"我们经常对发展策略有不同的看法。这时我们会坐下来聊一聊，通常会取得超越任何一方的最佳解决方案。要知道矛盾冲突往往是直击问题核心的一把钥匙。我们还通过许多非语言的互动来感知对方。"他们"可以感受到对方的想法和情绪",埃罗尔说。如果感觉到一方对某个想法很坚定,那么另一方也会顺着这个思路。

　　他们会有不同意见,但毫无疑问已经跨越了性格上的摩擦。他们能够接纳彼此的不同,进而达成目标。

为什么接纳不同很重要?

　　"沟通"这个词已经被用滥了,词典中对它的定义也平淡无奇:指两个人之间的信息交流。但要知道的是,在交流过程中可能会引发许多的误解、摩擦和烦恼。当性格相反者的合作关系陷入困境时,两人的冲突通常表现为交流的中断。有时,那个坐在你对面的人满脑子装的都是对客户话语的奇怪解读,对你来说,他简直就像是一个刚从宇宙飞船中爬出来的外星人。这时,请压抑想逃跑或动用武器的冲动，因为，天才已经在向你招手了。

当谈起这些不愉快却不可避免的时刻，对立性格的搭档会说，"要把他/她弄明白简直太难了"。或者他们会逃避自己的搭档，因为所造成的许多无意的伤害、疏远和困惑，使两个人很难再走回去。

成功的对立性格搭档共同决策是为了接纳对方，他们不会因为沟通方式的差异而阻碍最终成果。而这个成果可以是一个伟大的产品、一项最佳的服务或是取得重大突破。

接纳不同之所以重要，主要是出于两方面的原因：它有助于建立同理心和稳固合作关系。

接纳不同有助于建立搭档的同理心

也许你曾经体验过"盲走"，它专门设计用来唤起人们对视觉障碍者更多的理解。记得我当时蒙着眼睛被人领着在林间小路上穿行。我每一步都依赖着我的搭档约翰，害怕失去他的引导自己会被绊倒或摔跟头。我也注意到我的其他感官统统被唤起，听觉和触觉变得异常敏锐，以帮助和引导我。

自从那次体验后，我对盲人的生活状态似乎有了一丝体会，同时我还意识到唤醒大脑控制的其他感官的可能性。但即使是这样，我也无法完全知晓盲人的真实生活究竟是怎样的感受。

内向者和外向者的关系也是一样。在与相反性格的人共事时，我们拥有绝佳的机会来窥视和欣赏另一种视角，尽管我们无法完全了解对方的世界。在走近他们的世界时，我们同样也唤醒了自己身体里休眠的部分自我，促使我们全速启动、迸发出惊人的表现力。突然间，你的搭档看起来不那么像外星人了。

接纳不同有助于建立更稳固的合作关系

在紧密共事的过程中，性格相反的搭档逐渐融合形成一股实力更加强大的合力。两人共同经历成功与失败，这不是单独一人的奋斗，而是共同的成长。经历每一次磨炼和挫折，两人的实力与日俱增，为应对下一次挑战和机遇做足了更好的准备。

搭档们共同设法解决难题并一起做出艰难的决定，在这个过程中，他们不仅学到了如何作为一个团队共进退，也创造了让更多创意涌现出来的机会。

在娱乐圈中，吃闭门羹、屡遭失望都是家常便饭。美国剧作家詹姆斯·古德曼（James Goldman）和词曲作家斯蒂芬·桑德海姆（Stephen Sondheim）在谈到1971年共同创作的百老汇歌剧《愚蠢》（*Follies*）时曾说："跟合作者并肩战斗的好处之一是即使被劈头盖脸地拒绝，你也不是一个人，总会有一个人与你同舟共济。"①

---

① 出自詹姆斯·拉派恩（James Lapine）和弗兰克·里奇（Frank Rich）两个导演在2013年为美国著名的作曲家斯蒂芬·桑德海姆（Stephen Sondheim）导演的一部名为《桑德海姆的六首歌》（*Six by Sondheim*）的纪录片。该纪录片是由美国著名电视网络媒体公司HBO发行。

　　搭档之间良好的沟通能够激发出两人表现最佳的一面。之前提到的安东尼早先是做音乐的，他将与埃罗尔的友谊比作音乐中的和声，两组不同的音符合在一起创造出的美妙和谐是单一旋律难以媲美的。"单一音符只是同音，而非和声"，他说道。

　　电影人史蒂文·斯皮尔伯格（Steven Spielberg）导演和电影配乐大师约翰·威廉姆斯（John Williams）合作已超过了40年，共同打造出《E.T.》、《拯救大兵瑞恩》（*Saving Private Ryan*）等奥斯卡获奖影片。在2014年的一次采访中，他们在一起显得轻松自然，在描述合作经历时他们侃侃而谈。[1]

　　这对搭档中，威廉姆斯看起来比较内向，会注意把握说话的语调和分寸，而外向的斯皮尔伯格

①2011年，史蒂文·斯皮尔伯格和约翰·威廉姆斯参加AFI电影节时，主持了电影节上的一个节目——电影大师级讲习班（AFI's Master Class），此次主题是《合作的艺术》（The Art of Collaboration），该节目于2013年12月在特纳经典电影频道（英语：Turner Classic Movies，简称TCM）正式播出。

则乐于分享自己的观点来填满整个采访时间。他们都指出随着时间的累积，彼此的合作也更加顺利。"当我越来越成熟后，我也更加懂得如何更好地和他合作"，斯皮尔伯格解释道。就像埃罗尔和安东尼一样，威廉姆斯也描述了合作关系带来的无穷乐趣。他说他通过观察斯皮尔伯格的眼神和表情就可以判断对方有没有"理解"。"哪怕我没有理解，我们依然会发现乐趣。"

各个领域的搭档们与其看对方不顺眼，不如试着去学习读懂对方的非言语信号，就像斯皮尔伯格和威廉姆斯那样。这些信号就像通向对方世界的一扇门，帮助搭档们加深相互了解，可以在合作关系中更加自如地进退。

接纳不同可能面临哪些困境？

没有意识到自己的短处恰恰是对方的长处

双方没有停下来好好考虑性格的差异性，这会导致问题的产生。我的小女儿杰茜·康维勒（Jessie Kahnweiler）在洛杉矶从事电影制作，需要经常与摄制组中的内向成员打交道。在一次复杂的视频拍摄中，她聘请了圈中颇有名气、经验丰富的摄影总监莱姆（Liam）一起合作。莱姆是个内向者，他们一起琢磨拍摄方案时，外向的杰茜几乎难以抑制内心的热情，想到什么构思都要一吐为快。杰茜期待莱姆表现出同样的兴奋，但他并没有这样。杰茜每次想到好的摄影地点都会给莱姆发信息，但得到的通常都是简单扼要的回复。

在开机当天，莱姆拿着一个大本子出现了，上面写满了精心构想的拍摄方案，其中融入了许多杰茜之前提到的想法。杰茜这才明白莱姆其实一直都在聆听和参与，只是以他安静的方式和节奏。莱姆其实非常热爱这个项目并且对它有深刻的理解，只是他需要将注意力集中于内在，并且以条理化的方式表现出来。"我的短处恰恰是莱姆的长处，"杰茜分享说，"他是一个计划者，需要时间来理清脑海中的思路。这正是我所需要的东西。我觉得内向者是自信的，因为他们非常相信自己的思维。他们花上大量的时间独立思考、处理信息。他们并不打算改变自己，而我也一样。所以，上帝知道我们两人中只需要有一个像我这样的就足够了！"

即使是最互相接纳的搭档也会出现对彼此失去耐心的情况，这确实会发生。背后的罪魁祸首是什么？通常是压力。

压力可以是一件好事，它可以鞭策我们向前迈进。但当压力以某些方式出现时就会影响搭档乃至自身的工作效率。以下这几种压力的表现形式会影响对立性格搭档顺利地接纳彼此的不同。

内向者彻底沉默，外向者越说越多

当压力降临时，人们通常会比平时更加倍地显现出原本的性格特征。内向者彻底沉默，外向者越说越多。这使关系更加紧张。内向者心想："她什么时候能闭嘴呢？"而外向者会想："她脑袋里到底在想什么呢？！"

埃罗尔和安东尼这对澳大利亚的搭档曾有过几次较大的意见分歧，其中一次是由于埃罗尔要求在设计中增加一个颜色，而这个设计是安东尼和他的团队花了好一段时间打磨的。内向的安东尼以沉默来回应，整整一天没跟埃罗尔说话。"我那天真的挺恼火的。接下来的一天他什么都没有说。"之后，他们澄清了埃罗尔的意思是他想看看设计中加入这个颜色的效果，并非一定要更改现有的颜色。他们随即恢复了正常沟通，一切又如往常一样。如果对立性格搭档不这么做的话，这种南辕北辙的事情会持续发生，造成潜在矛盾无法避免的爆发。

外部压力也会产生负面影响

2008年经济衰退对韩（Han）和梅（Mei）这对搭档来说是个转折点。韩是一个内向性格的韩国咨询师，梅是外向性格的中国人，他们合伙经营一家风险管理/咨询公司。在经济衰退前，韩和梅的合作关系一直很好，公司也经营得有条不紊。

"梅天生就是个好销售。但不太走运的是，她向客户做出了我们无法兑现的承诺。她的热忱和强大的客户关系一直是公司的宝贵财富，但她对我的担忧置若罔闻，直到咨询业务开始下滑，我们无法实现之前的承诺，服务水平也开始下降。这令我无法接受。梅不愿意缩减业务规模，于是我们分道扬镳。经济衰退的压力无疑是对我们的致命一击。我想如果不是因为经济危机残酷考验着我们的价值观，我们可能现在还在一起。"

韩那时刚买了新房子，有房屋贷款要还。梅是家里唯一养家糊口的人，肩上的担子也很重。这些经济压力对这对搭档产生了重要影响。此外，诸如小孩、配偶、父母、朋友等因素都会使对立性格搭档间的沟通变得复杂化。

还有像部门调整、领导换人这些外在压力都会引发恐慌感，降低人们对事物的容忍度。内向者往往变得更加内向，外向者则进入高能量模式。矛盾冲突会更频繁地发生，而这些时刻往往也是真正考验搭档关系生死存亡的时候。

我的女儿琳茜（Lindsey）是个外向者，几年前，20岁出头的她跟我描述她与男友亚当（Adam）的关系。亚当是个内向者，现在已成为琳茜的丈夫。"妈妈，"她说，"我们从来都没有发生过争执。"我笑了笑，一反常态地没有发表评论，只问了句："真的吗？"

接着他们搬到了华盛顿的一间小公寓。搬进去的第一周，我给她打电话询问情况。"妈妈，你猜怎样？我们只这一周就吵了好几次架！连为沙发摆放在哪里这种小事都要吵！"是的，世上没有任何事比搬家和生活起居更容易引起烦躁和降低容忍度了。

实用对策：时刻着眼于结果

你可以采取以下几步来帮助自己将目光时刻着眼于结果，这样才能实现你和搭档想要达成的成就并成为对立的天才。

了解相反性格者的不同风格

去学习和了解自己的风格和搭档的风格（见表3.1）。利用性格测试工具或参加人际交往技巧课程，思考自己在搭档关系中贡献了什么，想清楚哪些是自己而不是对方的问题。当你发现你的搭档并不是有意折磨你，只是线路构造不同时，这便是一个突破。懂得了这一点，你会感到释然。更棒的是，你对搭档的品头论足也会大大减少。

表3.1　内向者与外向者的差异

内向者	外向者
在安静中获取能量	在与人交往中获取能量
思考自己的想法	说出自己的想法
注重深度	注重广度
了解某人才会分享私人信息	乐意分享私人信息
善于把握一对一谈话	从大团队中汲取活力

学习对方的语言

　　你可以有意地建立这种自我意识。了解内向者渴望安静思考的时间，而外向者不把想法说出来会憋死，这些都是调整行为和把握尺度的重要线索。偶尔走走对方的路会帮助我们自我成长。

　　亚马逊的首席执行官杰夫·贝佐斯（Jeff Bezos）是个内向者，他的团队中创始成员之一杰夫·霍尔顿（Jeff Holden）是个有名的"快嘴皮子"。在布拉德·斯通（Brad Stone）所著的《一网打尽》（*The Everything Store*）中，斯通写道："霍尔顿说话时的语

速快如湍急的洪水，以至于贝佐斯开玩笑称霍尔顿
'训练我的耳朵如何听得更快'。"[6]霍尔顿与贝
佐斯私交甚好，贝佐斯是个"全能的创新者"，对
亚马逊的发展做出了极大的贡献。他的影响力不仅
仅在商业成就上，还对贝佐斯的沟通技巧提升起到
的积极作用。

正如霍尔顿把贝佐斯的耳朵练得更灵敏，你会
发现自己也深受周围对立性格者的影响。内向性格
的商业合伙人阿琳娜强迫自己参加行业会议，帮助
自己解除束缚、走出自我的小天地；外向性格的塔
米克则表示："我是一个学习如何安静的外向者。
我在会议上保持安静，当我开口时是真的言之有
物！"也许你有过类似这样的经历。

久而久之，如果外向者可以给内向者更多的时
间来展示自己，内向者会敞开心扉。而当外向者滔
滔不绝时，如果内向者能保持耐心，那么也会感染
到一丝奔放。

请接受你无法改变对方

引用平静祷文中的一段："愿上帝赐予我平静，去接受那些我无法改变的；给予我勇气，去改变我能改变的；赋予我智慧，去分辨这两者的差别。"你永远无法去改变另一个人，你也不应该这样做。但性情固执又倔强的两个人如果碰到一起，一方可能会执意希望对方能更快地思考或者少说话。但颇具讽刺的是，你越能放下试图改变他人的执念，你就越少受到困恼。当你彻底放弃企图将他人塑造成你想要的模样时，每个人都会更放松，生活顿时变得更简单。

引自大卫·科尔西（David Kiersey）《请理解我》（*Please Understand Me*）中的这段话，以另一种方式说明了这点：

> "如果你想要的并非我想要的，请不要对我说我想要的是错的。

　　如果我相信别人而不是你，在纠正我的看法前至少请停顿几秒。

　　置身于同种情景，如果我的情绪比你更冷淡或更强烈，请试着不要要求我表现得更夸张或更收敛。

　　我的行为符合你的预想，或是与你的习惯相悖，请让我做我自己。

　　至少在此刻，我没有要求你去理解我。只有当你放弃把我变成另一个你的时候，你才会理解我。"[7]

赶走房间里的大象
熟视无睹不如开诚布公

　　开诚布公地分享自己的不同之处，当它们发生时会显得更加合理。这在合作关系的初始阶段尤为重要，在之后的关系处理中也要注意把握。某团队成员新加入了一家新加坡进口公司，发现周围全是

外向性格的同事。她事先便向她的外向团队成员们
解释说：当她关门的时候，是因为她需要安静的时
间，并不是因为她感到生气或对其他人不满。开诚
布公地分享了这一点，就打消了其他人对"门背后
的秘密"的揣测，也让外向者们更加放松。

每次做出一个小调整

如果你是外向者，请试试把灯光调暗来降低外
界的刺激，看看会产生怎样的效果。或者如果你是
内向者，试着有意地练习与搭档的目光接触比平时
多停留几分钟，努力建立更好的联系。看看你的搭
档有什么反应。你可能会诧异这些小举动会带来的
积极影响。

除了能更有效地与对立搭档建立联系，你还会
发现刻意地延伸自己反而开拓了自己之前未被发掘
的一面。同时，你掌握了更多与对立性格搭档相处
的法宝，可以运用到现在和以后的工作中。

创造快速沟通的捷径

当一方偏离轨道时，发明一个特定暗号或采取某种方法来阻止这种行为。外向性格的马克·豪斯（Mark House）和内向性格的玛琳·布莱克维尔（Maureen Blackwell）同在大学教书并且做咨询工作。每当他们开始不跟对方说话时，他们就会当面或是打电话说："我们是不是想念对方了？"

他们还有一句蛮有用的暗号，马克最先使用了这个暗号，玛琳已经逐渐适应。当他们讲话而其中一个离题时，另一个会说，"我要插一句喽"，暗示着谈话已经偏离主题。这样做使聆听者更容易跟上谈话者的内容，并且不用担心对方接下来说出的想法是未经过充分思考的。马克这个擅长即兴发挥的健谈者觉得这是个好主意，现在玛琳把这个暗号作为自由对话的一个工具，两人都感到很愉悦。

给点时间

相反性格的搭档通常都十分欣赏另一方为合作关系做出的贡献，彼此之间的尊重也会与日俱增。

在第六章"消除厌恶"中，你会读到比莉·阿尔本（Billie Alban）和芭芭拉·布兰克（Barbara Bunker）这对咨询师的故事。在30多年的合作中，她们私下里已经成为好闺蜜，一起到世界各地旅行，并学会欣赏对方身上的品格。内向的芭芭拉最近才发现自己已经很久没有带着书上飞机了，因为早先每当她试着在飞机上读书时，比莉就会在旁边全程一直讲话，听到芭芭拉耳朵起茧。当芭芭拉描述这一场景时，语气中充满了诙谐和对比莉的接纳。

定期见面和谈话

成功的对立性格搭档会定期向对方更新信息并给出关于事情进展的诚实反馈。他们快速地解决问题，不让问题继续滋长。某内向性格的首席执行官很少来办公室，但他的副手知道总能在晚上通过邮件联系到他，对未解决的问题进行及时回复。他们还在任何需要的时候随时进行短暂的交谈，在其他员工眼里，这两个人是高度一致的。找到对两个人都奏效的方法是十分关键的，并且要不断坚持运用这种方法。

尊重彼此的线路

本章小结
GENIUS OF OPPOSITES

内向者和外向者的线路大不相同，在一起合作共事可能出现很多意见分歧，甚至互相排斥。学习接纳彼此的不同不仅会极大地丰富合作关系，更会令创造性的机会不断涌到那些克服困难并且互相接纳的搭档面前。要督促自己去研究对方不同的视角和原因，这样做的初衷也许只是为了工作，但这项工作带来的回报会远远大于投资。你会觉得自己几乎是掌握了另一种语言，从人际关系的角度讲，你确实是做到了这一点。

1. 在何种情景下，你可以读懂对方的非言语性信号？

2. 如何能够帮助你记住：下次你对性格相反的搭档失去耐心时，要做几个深呼吸。

3. 在面临巨大压力的情况下，你能做些什么来让双方暂时休息一下？

思考题
GENIUS OF OPPOSITES

4. 当你们"互相想念"时，你可以发明什么暗号或快捷通道来恢复联系呢？

5. 你是否已经接受自己无法改变对方？这种想法对你们的合作关系将带来哪些帮助？

4

点燃分歧

我们经常憎恨对方，但那种憎恨就像燧石和铁片——敲击产生的火花照亮我们，一切付出和心血都是值得的。[8]

——魔术师佩恩·吉列特（Penn Jillette）评价老搭档特勒

点燃分歧：将不同意见看作取得更好结果的必要过程，因为你们在挑战对方的过程中取得了超越单独任何一方的最佳解决方案。

早在1956年，物理学家、流行病学家爱丽丝·玛丽斯·斯图尔特（Alice Mary Stewart）博士在英国的一家著名医学期刊上发表了一篇令人震惊的文章。在文章中，爱丽丝援引数据证明母亲在怀孕期间接受X光照射会引发儿童罹患癌症。但可悲的是，当时的医疗机构并没有立刻对爱丽丝的研究采取相应行动，而是整整花了25年，医生们才开始停止对孕妇进行X光照射。

在数年的工作中，爱丽丝与她的搭档乔治·尼尔（George Kneale）紧密合作，统计学家乔治对爱丽丝研究的成功起到了重要作用。他在背后默默支持，使爱丽丝能够坚定信心、坚持不懈，才得以最终结束这个对孕妇造成伤害的医学悲剧。

在TED[①]演讲《敢于反对》（*Dare to Disagree*）[②]中，管理者和思想者玛格丽特·赫弗南（Margaret Heffernan）说："在那25年中，爱丽丝·斯图尔特面临的实际上是一场非常大的争斗。那么她是怎么知道自己是正确的呢？乔治·尼尔与爱丽丝在性格上是天差地别的。爱丽丝非常外向，喜欢交际，乔治则像个隐士。爱丽丝对自己的患者十分温和又充满同情，乔治则坦言他更喜欢同数字打交道。但他曾道出与爱丽丝合作的奇妙之处：'我的工作就是

---

① TED（指technology、entertainment、design在英语中的缩写，即技术、娱乐、设计）是美国的一家私有非营利机构，该机构以它组织的TED大会著称，这个会议的宗旨是"值得传播的创意"。——编者注
② www.ted.com/talks/margaret_heffernan_dare_to_disagree/transcript?language=en, 2012-08.

证明斯图尔特博士是错误的。'他竭尽所能地寻找与爱丽丝理论相反的证据。他以各种方式反反复复地检查斯图尔特博士的模型、数据，以各种途径推敲数据，试图推翻斯图尔特。他认为自己的工作是为她的理论制造矛盾。"在一次次"拖后腿"中，乔治使爱丽丝的思维更加敏锐，使她的理论更具说服力。

　　成功的对立性格搭档会利用自己的不同去挑战对方的传统思路，摧毁他们的假设。就像爱丽丝和乔治，他们引发彼此间的争斗，其创造的天才成果让全世界受益。

为什么点燃分歧是重要的?

公司利益最大化

内向者和外向者有效地相互挑战和配合是公司

的财富。他们会把对方最好的想法逼出来，把两个大脑的想法合二为一。他们推着对方，又从对方身边抽回，在推推搡搡中最终达成了融合两种观点的最佳方案。在外向者贝琪·波克（Betsy Polk）和内向者玛吉·艾丽丝·邱塔丝（Maggie Ellis Chotas）合著的《来自合作的力量：女性如何共同领导世界》（*Power Through Partnership: How Women Lead Better Together*）一书中，她们谈到直面双方的冲突时说："我们发现即使是在硝烟最浓的斗争中，我们都为Mulberry（她们的公司）的最大利益和对方着想。"[9]

你将获得更好的解决方案

成功的对立性格搭档在面临潜在冲突时会学着配合对方的舞步。内向者里卡多（Ricardo）和外向者乔斯（Jose）是商业上的合作伙伴，他们分享了关于最近是否应该在他们的线上产品中加入一个评估工具而引发的争斗。他们已经跟主要客户提过有关这个服务的想法，客户表示有兴趣了解更多的情况。

　　乔斯有很多关于这个工具的想法，并对它未来的可能性信心十足。他忍不住不断地发表相关的看法。而里卡多是两人中典型的谨慎型，他不是很确定他们是否能提供符合客户要求的服务。两人都感觉到在各自发表不同观点时气氛渐渐剑拔弩张。

　　他们各自利用自己的优势采取了下一步行动。乔斯知道再过多地发表意见会令正在仔细考量项目的里卡多吃不消，所以他拽上了另一个"健谈的"同事，来为自己的想法添砖加瓦并形成了解决方案。相反的，里卡多安静地回到办公桌前，独自奋战了好几天，筹划出一个严密的流程，其中包括时间表和潜在风险。尽管乔斯早就箭在弦上、蓄势待发，而里卡多还需要更多时间去筹划，他们巧妙避免了冲突的爆发，并最终共同达成了一个完美的方案。客户签字同意了这项新服务。这对搭档以符合各自风格的方式挑起这场争斗，最终使整个团队获胜。

分歧是通往结果的道路

成功的对立性格搭档明白结果和决定往往伴着冲突，冲突是正常的、自然的、必要的。他们知道分歧是通往结果的必经之路。当搭档们携手穿过商业问题的荆棘时，前方并不是一路坦途。你们可能会卡在某个分歧点上，斗争一会儿又继续前进，成功的对立性格搭档很清楚这一点。

即使是老搭档也会出现分歧，比如外向性格的内部销售经理里奇·伍尔弗顿（Ricky Woolverto）和内向性格的培训总监莉丝·布莱登（Liz Braden）。他们最初在一起工作是因为公司董事长把他们搭配在一起，希望能够平衡两人的性格。两人相安无事直到一次分歧。"我的职责是监督里奇，公司要求我严格执行工作。但他竟然在应该接听我的电话时间里带着另一个销售员去了机场，他觉得这不是什么大事儿，甚至忽略我的指导。"作为外向者，里奇做事从来不需要左思右想，而内向的莉丝则把所有情绪藏在心里。"我们整整一周快被对方逼疯。"

在事情发生后，他们坐在一起聊了聊，两个人都释怀了，并且工作变得更有成效。自从那次以后，他们的沟通效果大大提高。莉丝通过里奇的解释和人际交往技巧训练明白了那次冲突的必要性。她现在已经不再恐慌。"现在，我会多花几分钟问问自己，'那个人为什么会这么做？'"她说道。

外向的里奇同意说话时更加沉稳，并真正开始按照莉丝的要求去提升改进。两人以这种方式处理争议并且一直发挥着很好的效果。

点燃分歧可能面临哪些困境

搭档一方觉得自己更重要

汽车行业前执行总监罗伯特·鲁兹（Robert Lutz）曾这样描述与鲍勃·伊顿（Bob Eaton）的工作关系。鲍勃·伊顿与鲁兹性格相反，他曾于1993年至1998年担任克莱斯勒（Chrysler）汽车公司的执行总监。鲁兹以典型的外向者描述内向者的口吻写道："他是温文尔雅的领导者，身上散发谦和的领袖魅力和威严……鲍勃（指伊顿）经验丰富、举止礼貌、言语得体并且很懂行业。他在几十年职业生涯的磨练中展示出成熟、深沉的自信和胸有成竹的风度，他的公司一直在走上坡路并且眼光开始瞄向通用汽车。我们（指鲁兹和伊顿）很好地分担着各自的职责。"[10]他们确实一起为公司创造了巨大的利润。

接下来在讲述克莱斯勒汽车公司的历史时，

鲁兹的笔触则全然不同。奔驰-戴姆勒（Benz-Daimler）和克莱斯勒汽车公司于1998年合并，新的执行总监尤根·施瑞普（Jurgen Schrempp）上任。鲁兹描述施瑞普是个"高大的男人，看上去十分权威和有力，说话嗓音洪亮……是个盛气凌人的巨人。"很明显，新来的执行总监觉得自己比伊顿重要。

"当时的形势很明显，两人不会联合经营公司。"鲁兹从一开始就看出了这对对立性格搭档有问题，最终以伊顿离开公司作为收场。在结束这一章不幸的内容时，鲁兹总结说：伊顿"把公司打理得井井有条……为克莱斯勒的股东创造了巨大的收益，但是鲍勃·伊顿的名誉被不公平地玷污了"。

外向性格的鲁兹看重内向性格的伊顿身上安静的价值和贡献，从而使自己的对立性格搭档如鱼得水，但伊顿的下一任搭档则不能或不愿平等地看待自己的内向性格搭档。

将顾虑隐藏于心

肯德拉（Kendra）是一个内向性格的律师，手中正忙着重要的案子，同时又是位新晋妈咪。这可考验着她的外向性格搭档卡洛琳（Carolyn）的耐心。肯德拉经常要去休息室喂奶，荷尔蒙像过山车一样起伏不定，每天都要提前下班以便赶在日托中心关门前接到宝宝。而卡洛琳则发现自己经常要为肯德拉未完成的工作收尾，每周算下来增加了两天时间要加班到深夜。

眼看客户的需求日渐增长，卡洛琳表达了自己的焦虑情绪，并开始将火气发到公司的其他人身上。肯德拉心里清楚自己的工作没做到位，对自己的角色和地位深感压力和自责。但内向性格的肯德拉情愿把这些顾虑都深埋在自己心中，也不愿向他人吐露。两人的问题在于都对"房间里的大象"熟视无睹，都不去触碰存在的关键问题——工作量失衡。直到有一次，她们无法在截止日期前完成一个重要客户的案子，两人晚上相约到酒吧小酌，结果一聊就聊了四个小时。她们坦诚地倾诉各自的情绪和担忧，一起进行头脑风暴找出工作量失衡问题的对策，并最终达成了双方都能做到的解决办法。

在明确了她们的共同目标是满足客户的要求后，她们暂时将一个重要而棘手的案子提交到资深合伙人那里寻求及时的帮助，这个做法大大改善了她们的困境，也缓解了两人紧张的关系。

在压力下，我们以自己的风格行事，但这对解决冲突没有任何帮助。内向者肯德拉隐藏自己的感受，不愿触碰两人之间的问题，而卡洛琳以消极的方式表现得更有攻击性。这两种做法都不能帮助解决问题，即便是两人都有着共同的目标——为客户提供最好服务。

遗忘了你们的共同愿景

我采访过一对性格相反的夫妇，妻子爱莎尔

（Achir）性格内向，丈夫伊沙尔（Ishar）性格外向，他们都来自印度，一起合伙做生意。他们在华盛顿开了一家印刷厂，厂子勉强能够盈利。他们总是不断投入新技术。他们做生意的初衷是希望能养家糊口和拥有更高品质的生活。尽管他们对已经取得的成绩感到骄傲，但离目标还差得很远。

他们都各自向我诉说了身上的压力，这些因素使他们离共同愿景越来越远，他们最初的共同愿景是经营一个强大的家族企业，一个能适应印刷业风云变迁而屹立不倒的企业。导致压力的一个主要原因是为了跟上不断更新换代的技术。

爱莎尔向我描述了夫妻之间关于购置印刷新设备的不同意见。伊沙尔承认自己有时候没有征求妻子的意见就直接采取了自认为必要的投资。爱莎尔本来就性格内向，加上受到本土文化的影响（比如，妻子不要挑起争端），就一直把自己的感受藏在肚子里。她说："我不想跟丈夫刨根问底地辩论我们的不同意见。"但问题是她心中的消极情绪越积越多。

　　这类的互相伤害和误解使他们距离当初赡养家人和建立有活力的企业的共同愿景越来越远。如果这两个人能来一场争斗，可能会给他们带来很多帮助。我不禁在想如果两人能直面双方的焦虑和冲突，那么公司的战略发展会迎来更多的可能性，同时也会提升个人的满意度。

实用对策：帮助你点燃分歧

牢记能量模式

　　要接受这样的事实，内向者的能量可能会因为与人太密集地相处、一直想着解决冲突而衰减，或者外向同事的喋喋不休可能会使内向者在冲突面前表现得过度激动。请记住，内向的人需要在脑子里把事情考虑清楚之后再说话，而外向的人早就已经准备行动了。同样请考虑内向者需要不时地休息和自我调适，而过多放空时间可能会使外向者垂头丧气。

告诉对方你需要什么

当点燃分歧时，你可以为日后清晰地交流打好基础，让你的搭档清楚地知道你到底需要什么。

自称"容易发怒的外向者"丽莎·迈克劳德（Lisa McLeod）是一位销售领导力顾问和作家。她和性格内向的丈夫兼商业伙伴鲍勃·迈克劳德（Bob McLeod）会明确说明各自想要什么，从而避免了很多争吵。丽莎说："我是一个文字工作者，我需要表达。我依靠鲍勃来获得能量。"她也理解当她从外地打来电话而他没有接的时候，他可能是需要自己的内向者空间。当她一旦与鲍勃取得联系时，丽莎会非常明确地说："我需要半个小时来谈谈，现在合适吗？"如果不行，他会说，"现在不行"，而不是"不行"。她说："这样我会知道他不是拒绝我，那么我们可以再约时间，在他能够更好地集中精力的时候进行交谈。"

共同管理危机

当危机不可避免地发生时，你们需要共同思考，寻找解决办法（见表4.1）。这通常指的是充分利用两人中能更好地处理当前问题的一方。

表4.1　有助于点燃分歧的问题

时间	问题内容
争论前	◎我真正需要的是什么？ ◎我知道我的搭档真正需要什么吗？ ◎我为结果投入了多少？我的搭档为结果投入了多少？

续表

时间	问题内容
争论中	◎我是否愿意让内向性格搭档通过书面方式和一对一的谈话来与我交流？ ◎我是否愿意让外向性格搭档通过当面彻底谈清楚的方式与我交流？ ◎我们是否设定了实施解决方案的时间节点？ ◎我们下次什么时候见面？ ◎先达成一个试验性方案有没有意义？ ◎我是否让情感绑架了我的理性思考？我是否让理性思考绑架了我的情感？ ◎在讨论问题的过程中我们是否会安排暂时的休息时间？ ◎我们是否同意让第三方加入来帮助调和矛盾？都有哪些人选？
争论后	◎解决方案的实施效果如何？ ◎我们需要做出什么调整？ ◎我们从这次经历中学到了什么？ ◎下次出现争端时我们应该如何改变？

　　澳大利亚线上培训学校的联合创始人安东尼说，有一次他们卡在了问题的"本身"，而无法从

一个更高的层面去解决客户的问题。而客户正是外向的搭档埃罗尔擅长的方面。埃罗尔立刻拿起电话安排了与客户的会面。埃罗尔主动承认了出现的错误，这样极大地缓和了紧张的形势，让客户关系重回正轨。而这个之前令这对搭档最头疼、压力最大的客户后来反倒变成了最忠实的客户之一。

引入第三方缓和僵局

我和性格内向的丈夫比尔（Bill）在共同创作第一本书时，曾经几次陷入僵局，其中之一是时间进度的问题。比尔负责的那部分稿件通常在进度上都会远远超过我。在多次毫无成效的谈话之后，我们决定打电话给英国剑桥的编辑。我至今仍然记得艾尔莎（Ailsa）平静的声音，她温和地建议让比尔放松一下，让我"赶快行动"。求助于一个客观的局外人使我们打破了紧张状态，又恢复了礼貌的交流。我们按时完成了稿件，虽然中间免不了又出现僵局，然后又给英国打了几次电话。向艾尔莎求助是我们采取的策略，通过引入第三方，帮助我们缓和了僵局，看到了前方的路。

停下来透透气

迈克尔（Michael）是一位外向性格的销售员，他没法从搭档德里克（Derrick）的神情中察觉到对方的任何反应。于是他加大马力，更努力地去劝说德里克他们为什么需要采购更多的产品用于销售。迈克尔"激情四射的恳求"终于得到了搭档的反应，德里克退出了讨论。

迈克尔的热情被浇灭，他反而冷静下来，深吸几口气，仔细地聆听德里克的顾虑，然后将问题各个击破，两个搭档完成了真正解决问题的理性交谈。

在合作初期以及发展的关键节点上，你可能会有大量的时间和搭档在一起。然而，搭档在一起的时间过长可能导致一方迷失在两人的关系中。迷失自我，也就失去了独特的思维。

两人一定会互相厌倦。不信你可以去问一下那些成天到晚呆在一起的退休夫妇们！偶尔停下来缓一缓是帮助你整理团队、重新凝聚力量的最佳措施，同时会给你清醒的头脑和明朗的心情。

正如"接纳不同"一章提到的，在冲突和压力下我们会放大自己的特质。比如，外向者会说得更多、更大声，而内向者会退回自己的世界。请抵挡此类放大自己本质特征的趋势。花一点时间停下来思考，哪怕只是几分钟的沉思也能帮助你更好地思考下一步该怎么做。当然……当你想清楚了，可能下一步就什么都不需要做了。

走出去聊一聊

请考虑把你们的谈话挪到办公室之外的地方进行。这个策略同时适用于外向者与内向者。为什么？因为外向者心直口快，喜欢把他们的想法说出来，出去边走边聊可以帮助他们更好地认清自己所处的形势。外向者站在开放的场地向搭档提问，也不会显得像公诉律师询问站在证人席上的内向者一样，内向者可以以更轻松的节奏做出反馈。他们无需集中精力进行眼神交流或注视对方的脸表示"我在倾听"，这样节省了双方好多力气。

当你站起来活动一下，你会感到血脉畅通，好主意自然而然地会出现在脑海中，你们可以共同找到对策。思想领袖、"散步式会议"的倡导者涅罗弗尔·麦钱特（Nilofer Merchant）写道："经过上百次散步式会议，我发现它还有更多出乎意料的额外收获……我和一个人边走边聊时，我能更好地倾听，效果比面对面坐在咖啡馆中要好。可能是因为并肩行走有助于我们把问题和想法摆到我们面前，然后并肩解决。"[11]

点燃分歧会避免战争

本章小结
GENIUS OF OPPOSITES

对于有一定忠诚度的对立性格搭档来说，点燃分歧可以带来原创性的解决方案乃至突破性的进展，搭档和客户都会从中受益。处理冲突的技巧包括：牢记能量模式、告诉对方你需要什么、共同管理危机、在必要时引入第三方。另外，停下来透透气，甚至出去走一走，肩并肩讨论问题，可能比面对面还要好。作为结果导向型的团队，在风险越高的情形下，对立性格搭档们点燃分歧就显得越重要。

1. 你是如何把握机会来挑战对立性格搭档的思维的?

2. 你们是如何发挥个人优势来管理危机的?

3. 当涉及敏感信息时，你在提问前是否考虑了内向/外向性格搭档的心理偏好?

4. 你采取了哪些方式来保证定期的谈话时间?

5. 什么时候你会引入第三方来缓解冲突?

思考题
GENIUS OF OPPOSITES

5

角色分配

如果说我条理清晰但略显缓慢的思维令他恼怒，那么这种恼怒只会使他惊人的直觉和记忆力火焰般地喷发，变得更加活跃敏捷。这就是我在二人联盟中微乎其微的作用。

——华生（Watson）谈及
夏洛克·福尔摩斯（Sherlock Holmes）[12]

角色分配：了解每个人该扮演的角色并进行角色分配，这样才能使搭档双方投入表演、全情释放。无论双方扮演的角色是什么，功劳和荣誉都是两个人共享的。

阿里巴巴是世界上最大的网络公司之一，相当于贝宝在线支付平台、亚马逊和易趣网的总和。阿里巴巴创始人、前首席执行官马云是公司的核心和灵魂人物，性格外向的他曾乔装打扮，在阿里巴巴1.6万名员工面前演唱《狮子王》主题曲，这不足为奇。

2013年，马云卸任阿里巴巴集团首席执行官的职务，由他信任的搭档陆兆禧接替。陆兆禧之前一直在幕后运筹帷幄，被马云称为在公司的"另一个自己"。陆兆禧说："我们两人能够非常好地互补。他总是眼光超前，喜欢跳出常规的思维框架；而我负责打理好现在手中的业务。" [13]

陆兆禧主管阿里巴巴华南大区时，曾开车载着马云见广州的客户们。在路上，陆兆禧提出自己关于调整销售激励的想法。"那时我们开始真正地了解对方。他说话，我听着；他睡觉，我开车。"带着对立天才典型的幽默，陆兆禧继续说，"但90%的时间都是他在说，然后我说'是'。"

尽管马云已经卸任，但他还是作为董事局主席大量参与工作，被普遍认为是阿里巴巴的公众面孔，也是中国相当富有的人。马云将"接力棒"传给了陆兆禧，因为他相信陆兆禧可以凭借自己的独特实力继续带领公司不断发展。

那么让我们来看看为什么角色分配可以使对立的天才获得成功。

为什么角色分配是重要的?

对立天才可以走进各自擅长的领域

对立性格的搭档各自发挥天然能量、扮演最适合他们的角色时，搭档的魔力会无限绽放。许多搭档会巧用各自的差异性，比如，发挥外向者舌灿莲花的能力去搞定一些客户，而不至于把内向者推入某些尴尬局面中。

合作25年的老搭档西亚姆（Shyam）（内向）和维伊（Vee）（外向）就是这样整合各自的天然优势的。西亚姆是信息技术公司的首席技术官，他可以毫不费力地与政府中多年的老客户打交道，但一见新客户就紧张。所以，西亚姆把与新客户结交互动的任务交给了首席执行官维伊，因为这是维伊的强项。这种职责分配方式使这对搭档得以不断为公司创造利润。

反过来，有时候角色分配指的是进入对方的

角色、习得对方的优势来更好地完成工作。《给予和获得》（*Give and Take*）的作者亚当·格兰特（Adam Grant）调研了销售人员的成功要素，发现许多销售人员身上展现出"中间性格"的特性，也就是说他们兼具内向者和外向者的特征。格兰特相信"培训非常外向的销售人员借鉴内向性格的同事安静内敛的特征"[14]使这些公司大为受益。延伸自己的领域不仅不会使外向者或内向者丧失原本的特征，而且会更好地服务于共同目标的实现。

有一个人是幕后角色

许多对立性格搭档会将内向者选定为"配角人物"，将外向者作为台上的"主角人物"。作家约书亚·沃尔夫·申克（Joshua Wolf Shenk）将配角称为"幕后的搭档"。具有超凡领导者魅力的马丁·路德金（Martin Luther King Jr.）曾经形容低调的拉尔夫·阿伯内西（Ralph Abernathy Jr.）是自己的"帮手和热身"。[15]阿伯内西可以使人群情绪升温，他向人们戳破现实、鼓励人们奋起抗争，马丁·路德金随后上场发表演说。

喜剧演员乔治·伯恩斯（George Burns）和妻子格雷西·艾伦（Gracie Allen）也是很好的例子。格雷西扮演"主角人物"、粗枝大叶的妻子，乔治是冷静的丈夫。罗杰·罗森布拉特（Roger Rosenblatt）曾这样形容这对搭档："幕后人员的本质是给予。他给出最好的台词、舞台和灯光。通过给予，他创造了一部剧……"[16]他们同台演出是由于双向的互补角色紧紧将他们连在一起，而成果的取得取决于每个人都在扮演设定好的角色。[17]

正确的角色分配带来意想不到的积极成果

扮演适合的角色可以给你们带来预想之外的积极成果。20岁出头的内向者夏洛特·阿诗洛克（Charlotte Ashlock）是贝尔特·科勒（Berrett

Koehler）出版社的电子产品经理和编辑，她回忆起
在高中时与朋友贝斯特的故事。

　　"我和贝斯特都是我们学校'想象力目的地'
社团的成员，这个社团会定期举办关于即兴发挥和
问题解决的竞赛。在社团会上，我希望非常集中精
力地练习，为即将到来的竞赛做好准备。但贝斯特
则更愿意把时间花在放松和交朋友上。我有时想，
为什么其他人都不把时间用在正事上呢？我很不理
解。到了竞赛那天，我的恐惧应验了，我们小组的
准备工作没有做得像我期待的那样充分。

　　上台的几分钟前，我们每个人心中都很惶恐。
于是贝斯特抓起我们的一个假莴笋头道具，带着胜
利、甚至有点傻的语气大声宣布："只要我们有莴
笋头，我们就不会失败！"我们哈哈大笑，一起喊
道："莴笋头！"然后我们带着好玩的心态上了
台。我们小组并没有获胜（实际名次是在后20%），
但我享受到了不可思议的快乐，并且觉得和组员们

紧紧联系在一起。我意识到贝斯特的欢乐也是有价值的，团队精神和我的认真刻苦是同样重要的。"

在夏洛特的故事中，贝斯特带给团队的积极影响赶走了队员们心中的焦虑。贝斯特扮演好自己的角色，团队成员之间的联系越来越紧密，后来赢得了好几次地区冠军。

角色分配可能面临哪些困境？

角色不清晰或不公平

美国20世纪50年代经典情景喜剧《我爱露西》（*I Love Lucy*）中有一个片段就是很好的例子。剧中两对主角里卡多（Ricardos）夫妇和梅兹（Mertzes）夫妇决定一起请客吃饭，两对夫妇"一对出主意、一对出技术"[1]。但糟糕的是，最

---

[1] www.imdb.com/video/hulu/vi3032721177, 1954-03.

后所有的工作都落到了弗莱德（Fred）和艾瑟尔（Ethel）这对负责出技术的夫妇身上！他们两人在后厨制作汉堡，而露西和里奇·里卡多在与来宾拥抱寒暄。弗莱德和艾瑟尔感到气愤，他们愤然离开厨房，把所有的工作都留给里奇和露西处理。很显然，这种做法是行不通的。

随着剧情继续展开，两对夫妇最后甚至把饭店一分为二。当一个醉汉醉醺醺地走进饭店时，他们还不惜为抢生意而争吵。他们试图想办法来解决矛盾，但最后都是无效的。

或许这集的剧情有些夸张，但不明确划分谁应该干什么确实会引发许多其他问题。史蒂芬妮（Stephanie）是一个内向的视频制作人，你将在后面读到更多关于她的故事，她讲述了与搭档简之间的错位："刚开始，全过程的每一步工作我和珍妮都在做，采集客户要求、做报价方案、跟踪……但当两个人同时在做销售的每一步时，我们很难从整体上把握进程。是谁，在什么时间，跟踪了哪个客户，我们自己都弄乱了。"这导致她们丢了生意、失去了潜在的利润。

其中一人独占功劳

达瑞·霍尔（Daryl Hall）和约翰·奥兹（John Oates）是全球闻名的音乐人，两人在一起搭档了45年（霍尔与奥兹二重唱），从没有过任何公开的关系裂痕。外向的达瑞是公众的主角人物，而内向的约翰被视为是配角人物，尽管约翰对二重唱组合的成功也起到了中流砥柱的作用。

当被问及如何看待被当作配角时，约翰说："这对我来说是没问题的，因为我并不会这样看待自己。其他人可能会这样看，全世界可能都会这样，但这些都没关系。我会带着点禅意看这件事情：如果没有地平线，那么也不会有美丽的日出。达瑞是个会放光的人，一上台就让人的视线难以转

移。而且他的嗓音非常棒，他的声音是霍尔与奥兹
的标志。" [18]

不是每对搭档都会这样大度并能接受反差太大
的角色分配的。作家亚当·格兰特（Adam Grant）描
述了研究人员乔纳斯·索尔克（Jonas Salk）在发布小
儿麻痹症疫苗时独占功劳造成的毁灭性后果。在成功
研制出小儿麻疹疫苗后，"在特地举行的一个新闻发
布会上，索尔克没有把功劳分享给实验室的其他六个
研究人员，他们为疫苗的研制也做出了主要贡献。索
尔克独抢风头的片刻换来的是之后事业中挥之不去的
阴影，"格兰特写道，"他的同事讨厌他，他从未获
得过诺贝尔奖，也没有入选大名鼎鼎的美国国家科学
院院士。人们反感他，因为他独占功劳，做出了最不
顾及团队其他成员的事情。" [19]在这个案例中，独占
功劳对整个团队和索尔克本人都造成了损失。

期待对方一成不变

拉什得（Rashid）是一个内向的建筑师，他的搭档沙丽（Sari）是个外向的设计师。拉什得已经习惯了沙丽动不动来找他、分享对项目的最新想法。通常他们能一起欢笑。虽然沙丽经常来找他聊天也给拉什带来了不少乐趣，但他还是更希望按照自己的习惯来利用这些休息的时间。

有一天，拉什得在全神贯注地研究一个复杂的问题，他一头埋在书桌前，戴着耳机。沙丽不请自来，跟拉什得描述最新的激情创意，拉什得明显显得不耐烦。在继续说了好几分钟以后，沙丽才觉察到他的情绪，转身离开。两个人过了好几天才冰释前嫌。

就像沙丽期待拉什得一成不变地做自己专注友好的聆听者一样，我们总是期待搭档能够永远保持我们习惯的样子。但我们都是平常人，状态总会有一些变化。

客户也会在将选择找谁时将我们固定化，即使对立性格的搭档双方都有能力很好地解决某个问题。阿德雷德·兰卡斯特（Adelaide Lancaster）和艾米·亚伯兰（Amy Abrams）一起在纽约开了家公司。阿德雷德是内向者，艾米是外向者，阿德雷德说："客户经常把我们各自的角色固定化，我似乎理解了一些兄弟姊妹和双胞胎们会面临的类似挑战。我被认为是注重细节和与数据相关的那个人，而艾米是友好、善于交际的那个人。"[20]搭档一方的长处并不一定是另一方完全不具备的。

实用对策：进行角色分配但仍然保持灵活性

一屋不扫，何以扫天下

外向者和内向者的差异可以使搭档很好地

增强自我意识，但在踏上与搭档一起前行的旅程前，你要准备好什么东西呢？著名的冰激凌企业家伯顿·巴金斯（Burton Baskin）和尔文·罗宾斯（Irvine Robbins）在合伙开公司之前，两人都成功经营过很多项目。只有在他们取得了各自的成功后，他们的合作才会成功。[21]

在开始合伙做生意或开公司前，你可能需要先提升和完善自己的技能，这样在建立合作关系时你会更清楚自己最适合扮演什么角色以及你希望搭档能贡献什么。

做搭档的拥护者

外向的布鲁克（Brooke）是一家金融机构的副总裁兼分店经理，她说自己不断地"向她的员工莫妮卡（Monica）抛曲线球，但对方总是能保持稳定的节奏接住，从没有漏接过一个球！"坦率的布鲁克在与资深管理层谈话时也尽责地提到了莫妮卡

做出的优异成绩。虽然布鲁克希望莫妮卡自己也能
多表现自己、推销自己，但同时布鲁克也发挥自己
作为健谈者和推销者的力量来拥护搭档。作为外向
者，你可以利用自信的特征去肯定他人，可能他们
更羞于"自我表扬"。

内向者也可以拥护自己的搭档。乔斯（Jose）
是某公司运营副总裁，性格内向、冷静沉稳。在
给客户展示方案时，乔斯扮演"止损"的角色。
几个外向的销售人员激情洋溢、唾沫横飞地向客
户介绍新上线的产品，但客户妮可（Nicole）对新
产品是否能与现有系统融合感到顾虑，并且也见
识过其他销售团队这种"都不是问题"的态度，
妮可在心中怀疑销售人员只动嘴皮子，但后续不
会实际跟踪客户。

乔斯意识到了妮可的顾虑，接着采取了止损的
行动。他将妮可单独约出来见面，进行了安静和专
注的交流，并耐心解答了妮可的所有问题。乔斯以

自己沉稳可靠的性情平衡了外向队员的高度热情，从而重新建立了客户对团队的信任，最后拿到了这个单子。

作为内向者，你可以发挥自己善于倾听，善于观察，冷静和理性谈话的强项来缓和态度，避免误解，特别是当外向者专注于当下的时候。

偶尔突破设定的角色

偶尔踏出自己的舒适区域，尝试突破性的角色，这样你会得到延伸和成长，你身上"相反的肌肉"势必会变得更强壮。

阿里巴巴前首席执行官陆兆禧（2015年5月卸任）新上任前也曾努力适应新的角色。他知道新的角色要求他体现出一些外向者的特征，所以更全心全意地投入。在接管公司后，他说："我们的计划是马云（前首席执行官）不需要经常出现，我会更多地直接面对公众，但这需要点时间，我也需要在这方面提升自己。"

内向者阿琳·柯恩（Arlene Cohn）通过将自己变得更外向从而延伸了自我，现在她可以和更多人交谈，不再完全依附于自己的丈夫和商业伙伴史蒂文（Steven）。她意识到通过角色突破，她结交了更多的朋友，了解了他们的商业思维，同时增加了自己在合作关系中的价值。

想想看你可以延伸出哪些内向者或外向者的特征，不妨去尝试一下。这种"交叉训练"会带来两个好处：你的对立性格搭档或其他队员会从你身上获得更广泛的支持，并因此而离不开你；同时你在角色突破的过程中也会对自己的能力增强信心。

将任务与角色匹配

在管理复杂和动态变化的项目时，咨询师艾米丽（Emily）和狄克·艾克斯罗德（Dick Axelrod）发现将客户提出的要求和彼此的性格进行匹配来安排任务，会取得很好的效果。他们会问自己："这个客户会对谁感到更舒服？"然后，令客户更舒服的那个人会牵头这个项目。这个答案往往充满不确定性，更多时候要依赖于对内向者和外向者的能力和优势的判断。

"我给人一种冷静和更有安全感的印象，"内向的狄克说，"但如果我们需要更快地配备人力把项目组织起来，或者需要注入大量活力的话，艾米丽会加入进来。在反馈环节，通常由她来做出反馈，而我会通过观察来确定客户是否明白了。我们两个搭配得很好。"他解释说。

艾克斯罗德的客户经常评价两人的双重性带来了巨大的价值，无论是在项目前、项目过程中还是项目后。客户们觉得比起搭档中只有一人参与，两个人都参与进来的方式让客户觉得"物超所值"。

发现自己的优势，和搭档一起利用优势去完成任务。想想你们分别需要向客户提供什么，进而匹

配合适的角色，之后还要根据实际情况调整与客户
洽谈时的角色扮演。

以书面方式明确

　　成功的商业搭档明白他们需要明确合作的规
则，而且他们通常会采取书面方式。我的同事迈克
尔是个内向者，他经常给我发邮件，在邮件中提出
与我各自分工、详细职责的想法。我理解他在发挥
内向者善于准备和写作的强项，然后我们会再约时
间见面交谈。这样既满足了他作为内向者写作的偏
好，也满足了我作为外向者交谈的需求。通过这种
方式我们明确了彼此的角色，为开展工作打下巩固
的基础。

提供实时指导

　　给对立性格者提供指导主要包括做出反馈和接
收反馈，这是团队培养的重要手段（见表5.1）。内

向的奥诗雅（Asia）是审计资深总监，她和公司财务总监劳伦（Lauren）开诚布公地交流。当劳伦连珠炮式的指责令她的团队吃不消时，奥诗雅会提醒她深呼吸、放慢自己。这种实时指导让劳伦舒缓下来，帮助她以更有效的方式传达自己的信息。劳伦甚至开始向奥诗雅询问对自己管理风格其他方面的意见。

作为外向者，你也可以指导内向者如何扮演出镜率更高的角色，比如在会议上。维杰（Vijay）是一个外向、自信的风险投资者，在帮助内向的同事本（Ben）提升在投资者面前演说的能力上起到了重要作用。本在维杰面前演练了许多次，直到维杰对本的表现感到满意。维杰知道如何发挥自己的强项来帮助本来提升演说能力。最后，本的演说取得了很好的效果，他清晰地向投资者展示了项目要点，吸引了对新商业理念的投资。

表5.1　实时指导的技巧

做出反馈	接收反馈
询问"我想给你一些反馈，现在合适吗？"	回答现在是否合适
清晰详细地表达你观察到的情况，以及你有什么要求	如果你需要更多的信息，可以请你的搭档举个例子说明自己观察到了什么
提出开放式的问题，比如"你觉得怎么样？""你有什么想法？"	按自己的理解重复对方的话，向对方确定自己的理解是否正确
详细说明下次出现这种情况时你希望看到对方怎么做	感谢对方的建议，并考虑是否可能做出改变
说谢谢	说谢谢

这样做才能使成果呈指数增长

本章小结
GENIUS OF OPPOSITES

对立性格搭档合作共事可以充分演绎各自的角色，这样做带来的好处是非对立性格搭档无法比拟的。当对立性格者为了实现共同目标而组成团队时，他们通常扮演着互补的角色，取得的成果可能超过每个人的预期。不过搭档们必须清晰地分配角色、共享功劳与成就，拒绝因各自扮演习惯性角色而模糊了彼此向对方延伸所付出的努力。

高效能的对立性格搭档会拥护对方，打破死板的角色设定，并互相提供指导与反馈。随着自己角色范围的扩大，你可以更加信赖自己的搭档并取得更多的支持，也会对自己的能力增强信心。

1. 当挑选角色时，你是如何认识自己的长处的?

2. 你是否能接受即使自己做出的贡献再多，也要与搭档共享功劳和荣誉?

3. 在什么情况下，你会拥护自己的搭档?

4. 你是如何偶尔打破角色设定的?

5. 你们多长时间会进行一次实时指导和反馈?

思考题
GENIUS OF OPPOSITES

6

消除厌恶

我们经常互相发怒，但其他时候我们是温和的。我想我们有着同样强烈的道德感，去批判那些触怒我们的电影，原因可能是电影的内容或者是其整体上的愚蠢。

——电视主持人罗杰·艾伯特（Roger Ebert）
评论与搭档主持吉恩·西斯科尔（Gene Siskel）的关系[①]

① 出自1987年NBC的大卫·莱特曼脱口秀（*The David Letterman Show*），主持人大卫·莱特曼采访影评搭档吉恩·西斯科尔和罗杰·艾伯特。 视频链接：www.youtube.com/watch?v=oFr4U-iFAIw

消除厌恶：当搭档双方彼此尊重并且能够像朋友一样相处，你们可以自由开放地交谈，并且享受乐趣。

很多年来，吉恩·西斯科尔（Gene Siskel）和罗杰·艾伯特（Roger Ebert）的节目是观众们能在电视荧幕上观看影评的唯一来源，但他们两人却难以忍受对方。当你收看他们在节目中评论当月新上映的影片，并做出招牌"大拇指向上"和"大拇指向下"动作时，你一定会感受到两人之间的"火花四溅"。他们经常意见不合，从他们接受采访的剪辑中更能看出两人的复杂关系。无论镜头前还是私底下，他们总是争吵、大笑，不自觉地加大嗓门。

在一个未播出片段中，外向性格的罗杰告诉

吉恩希望他说话时更兴奋些，而内向性格的吉恩则反驳罗杰说希望对方说话别那么兴奋。①罗杰形容自己可不是那种"腼腆、害羞的类型"。他凌驾于内向者之上而不自知，指责吉恩缺少即兴发挥的能力。这些行为都带上了明显的针对性。

起初他们"几乎不与对方说话"。罗杰说，"我们是相互竞争的影评人，很长时间里我们一直在节目中明争暗斗，直到有一天我们突然意识到我们是在做同一档节目……这是我们需要共同达成的事情。"②

遗憾的是，吉恩·西斯科尔在1999年因脑癌去世。在拉里·金现场秀节目③中，当罗杰说到彼

① 出自西斯科尔与艾伯特20世纪80年代节目花絮片段集锦。视频链接：www.youtube.com/watch?v=OkwVz_jK3gA
② 出自美国国家公共电台（NPR）2011年9月13日的一期广播，该广播题目为：Ebert: A "Life" Still Being Lived, And Fully。原注释链接：www.npr.org/2011/09/13/140437328/ ebert-a-life-still-beinglived-and-fully
③ 出自主持人拉里·金2009年9月在其节目《拉里·金现场秀》（*Larry King Live*），（CNN的一栏实况采访节目）中对罗杰·艾伯特的采访，采访内容：罗杰·艾伯特评价其搭档吉恩·西斯科尔。视频链接：www.youtube.com/ watch?v=SRErc9HJSq8

此多年以来的厌恶是如何掩盖了真正的相互尊重时，他流露出一丝可以察觉的难过。他说："我们之间有着很多微小的共鸣和语言上的暗号。我们共同经历了很多电影和工作，我们可以读懂对方的心思。"罗杰说他们都十分喜欢去电影院，特别是去看好的影片。他满怀深情地回忆起一个可爱的场景，记得在影院观看《冰血暴》（*Fargo*）的时候，吉恩在黑暗中摸索到他身边对他说："这就是为什么我们要来影院看电影。"

接下来，他说道："我之前并没有意识到我们实际上对电影有很多共识。在过去一年中，我一直非常想念他……我之前几乎把与这样的天才头脑共事的机会当作是理所当然的。"

尽管两个人经常吵得不可开交，但他们都怀揣对电影的热爱，并在心底里深深敬重着对方。罗杰回忆说："当我们对电影发表不同意见时，吉恩表示喜欢这样。因为我本不是那种腼腆、害羞的类型，所以我会反击，而他也喜欢这种方式。我喜欢他的点是他能够尊重我对电影的意见，而且会真的倾听。"

在那几年，吉恩和罗杰的评论节目大受欢迎，充分说明了他们的合作取得了巨大的成就。显然，当他们不再一味竞争、消除最初的不满，而是专注于为他们共同的观众提供最好的节目时，他们便取得了极大的进步。通过消除早期的相互厌恶，他们建立起真挚的友谊并获得了巨大的收获。

为什么消除厌恶是重要的?

你会有所收获

在澳大利亚珀斯，另一对相反性格的搭档也印证了这个道理。外向的罗恩·亚历山大（Ron Alexander）曾是一个足球明星，现任该市体育与娱乐部部长。他在描述自己内向的同事格雷厄姆

（Graham）时称对方是"世界上最得体的人之一"，并说他们"在思想上有血缘关系"。他们每周都会边喝咖啡边进行开怀畅谈，交流的一些心得可以带动部门的前途和发展方向。在第二职业方面，他们渴望提升实力、做些不一样的事、为世人留下一个传奇，他们因为共同的渴望而紧紧绑在一起。最后，他们的成果是带头建成了用于体育和休闲的独立复合型建筑，那是澳大利亚最受瞩目的建筑物之一。

约书亚·沃尔夫·申克（Joshua Wolf Shenk）在著作《二人权利》（*Powers of Two*）中描述了许多性格大相径庭却成为朋友的搭档。其中一对就是史蒂夫·乔布斯（Steve Jobs）（外向者）和史蒂夫·沃兹尼亚克（Steve Wozniak）（内向者）。他写道："他们的友谊是从一个朋友的车库里开始的。当时他们聊着鲍勃·迪兰（Bob Dylan）和甲壳虫（Beatles）乐队谁的音乐更好这样的话题，并发现他们的共同之处。然而，尽管他们有着相似的杰出想法，但他们的性情和特征却截然不同。乔布斯能像激光一样穿透别人……沃兹尼亚克说自己'害怕开口说话，因为总觉得自己会说错话'。"[22]

他们成为朋友并不是那么理所当然的，而是建立在对音乐的共同热爱、对电子产品的无限激情上。他们开始共同创业，为后来的苹果电脑和一场真正的技术革命播下了种子。他们已经成为对立性格搭档完美合作的经典案例。

你拓展了自己的世界

我在高中二年级的时候遇到了莫莉（Molly），她与我其他的朋友很不一样。她身高超过1.8米，一头红色的长发，行动缓慢，有点溜肩，平时少言寡语。但是，她是我遇到过的最酷的女孩。她会写诗，会在周末搭车去旅行，她还讲了在夏令营休息时和鲍勃·迪兰（Bob Dylan）同乘一辆摩托车的故事。

这个故事是不是真的无关紧要。在我们的友谊中，我从一开始就是她的粉丝。我们用吉他演奏民歌，她教我写作和鉴赏诗歌。她会对我的故事大笑，似乎是被我的外向能量所感染，觉得我很有趣。

就像许多高中时代的友情一样，我们的关系最后也无疾而终，毕业后便失去了联系。几年之后，我在一次去加州的旅行中再次见到她，但我记得当时有点尴尬，因为我们都已经长大了。但最重要的是在彼此相伴的日子里，我们共同的成长经历帮助我们拓展了自己的世界。在我遇到莫莉之前，我从来没意识到自己的创造力，是她挖掘出我的重要潜力。

澳大利亚线上培训公司的创始人和首席执行官埃罗尔·拉格兰奇（Errol La Granger）说他的商业伙伴和朋友安东尼（Anthony）扩展了自己的世界。"我与安东尼交谈的时间可能比其他人的都

多。他不断启发我，引起我的兴趣。无论是工作中
还是工作外，我都喜欢花时间和他在一起。"他接
着说，"安东尼比我更加注重做事的过程。我会更
容易产生厌倦，然后去寻求别的刺激。他教会我在
做事的过程中更加积极主动和让人信赖。我觉得安
东尼变得更加灵活变通。我相信安东尼是受我影响
逐渐摆脱了他原有方式的束缚。"这些朋友们通过
消除厌恶，共同拓展了他们的世界。

改变关系会带来回报

性格相反的搭档在工作中共同经历激烈的碰
撞和释放。有些人像咨询师比莉·阿尔本（Billie
Alban）和芭芭拉·布兰克（Barbara Bunker）一样
能够成为朋友，可以一起周游世界，友情随着时间
日益浓厚，她们的咨询工作也因此受益。还有些人
会像西斯科尔（Siskel）和艾伯特（Ebert）一样，
在共事了很长时间后，才由相互竞争甚至憎恨，转

向彼此欣赏。另外有些人就像我和莫莉那样，会在一定时期内建立起强烈的友谊，相互学习，共同成长，然后各自发展，但永远不会忘记当年的友谊带给我们的宝贵财富。

消除厌恶可能面临哪些困境?

停止沟通

无论在大公司或小公司，人们总是因为工作中的亲密合作而成为朋友。外向的蕾拉（Leila）是一个经验丰富的牙医助理，她的牙医老板杰克（Jake）是个内向的人，他们互相相处得总是不那么融洽。杰克的沉默弥漫在整个病房里，令蕾拉感到难受，而蕾拉的喋喋不休也经常令杰克感到厌烦。

在共事了一段时间后，两人学会了接纳不同，关系开始改观。蕾拉现在把杰克当作工作中的朋友。你可以感受到他们俩之间轻松、融洽、友好的关系。蕾拉解释说，她可以通过杰克恼怒的表情，而不是言语来察觉到他的烦恼。但如果杰克不说明原因，蕾拉就会感到焦虑，并试图找出答案。"是我做错了什么吗？还是因为病人？"她会想。"我很难忍受把感觉藏在心里。"蕾拉说。

　　当内向性格的同事彻底沉默时，外向性格的搭档最好能想办法让对方说出自己的想法。在两个病人的间歇时，蕾拉会主动询问她的老板出了什么问题，他们会进行讨论，然后继续工作。如果没有及时确认与沟通，办公室里就会弥漫着一种紧张的气氛。蕾拉相信，消除厌恶让他们能够自由开放地交流。

　　当外向性格和内向性格的搭档之间停止沟通时，结果可能会很糟糕。歌曲作家艾伦·杰·勒纳（Alan Jay Lerner）和搭档弗雷德里克·洛伊（Frederick Loewe）创作了《卡米洛》（*Camelot*）

和《窈窕淑女》（*My Fair Lady*）等绝世佳作，约书亚·沃尔夫·申克（Joshua Wolf Shenk）描述了两人痛苦的关系。他引述勒纳（Lerner）回忆录的话："有太多的话从没有说出口。最后，我们有点像诺埃尔·科沃德（Noel Cowards）早期戏剧里描写的那样，'他们吵架吗？'一个人问。'哦，没有。'其他人说，'他们太不开心，都不愿意吵了。'"[23]

显然，勒纳相信，如果有更多的交流，他和他的搭档本可以创作出更多令人难忘的作品。他们自己和我们所有听众都会受益。

强迫建立友谊

中学时，当我与女生朋友们的关系难以周旋时，我的母亲告诉说只需要有一个真正要好的朋友就够了。当时我并不相信她的话，但现在我信了。你不需要让每个人都成为你的朋友，特别是在工作中。有时候对刚刚建立起来的关系来说最大伤害就是强迫它发展。欧拉（Eula）痛苦地认识到了这一点。

性格外向的欧拉是一家科技公司的销售人员，性格内向的索菲亚（Sophia）是公司的会计经理。索菲亚比较慢热，需要时间跟新朋友渐渐热络起来。索菲亚刚加入公司时，欧拉邀请她一起吃午饭，并经常不请自来地在索菲亚的办公区停留。

欧拉会向索菲亚透露自己的家庭问题，这对索菲亚来说"信息量太大"。出于对个人隐私的保护，索菲亚开始故意疏远欧拉，不理会对方的邀请。在评价欧拉的工作业绩表现时，索菲亚批评欧拉表现得说话过多、为人霸道。两人本可以建立起牢固的工作关系，却因为一方没有充分尊重对方的做事风格和节奏而不欢而散。更惨的是，欧拉对此大发雷霆，却没有放慢节奏注意到索菲亚逐渐变化的反应。她对索菲亚产生了不信任和厌恶，此时一切都为时已晚。

本末倒置　忘记目标

　　性格外向的网站设计师安迪（Andy）和内向的
艺术家克里夫（Clive）一起搭档，两人合作状况良
好，业务也在不断扩张。他们当了六年多好朋友，
一起完成了很多出色的项目，获得多个高端客户的
好评。

　　但他们的关系却因为一个项目几乎破裂。新的
网站客户打电话来说网站瘫痪了，想向负责网站维护
的安迪报修。克里夫没有接听客户的电话，因为他一
直不爱通电话，而是让它继续响。在电话挂断后，他
像往常一样收听电话留言，然后给安迪发邮件告诉他
网站的问题。安迪向克里夫表示愤怒，质问他为什么
没有第一时间受理问题并打电话通知自己。

　　这对搭档接下来先解决了网站的问题，然后讨
论了他们之间沟通问题。克里夫同意以后他会在第
一时间回应客户的紧急情况。

　　内向的同事偏好采用书面的交流方式（短信、

电子邮件、网络社交工具等），但有时直接的一对一语音交流会更加高效。外向的同事则经常过度使用语音方式（Skype视频、电话、喝咖啡等）。双方都需要清楚面对不同的客户使用哪种方式更合适。

　　克里夫处理客户紧急问题的方式让两个人陷入泥潭，大家都乱了阵脚。他们掉入了陷阱，让沟通导致的压力遮住了彼此的双眼而忘记了共同的目标。

实用对策：
消除厌恶可以带来惊人的成果

集中注意向前看

　　对立性格搭档的友情通常是复杂的。就像电视主持人西斯科尔（Siskel）和艾伯特（Ebert）那样，对立性格搭档经常表现得像孩子一样，相互争吵甚至喝斥对方。然而，西斯科尔和艾伯特要把节

目做好的共同目标使他们保持前行，正是这种动力
为创造性的突破奠定了基础。

如果没有紧张、挫折，甚至偶尔的白眼，亲密
的关系也很难形成。争吵意味着你有强烈的意见，
所以要说出来，引发讨论，共同参与和解决，但要
记住，维持两人的关系和完成你们的使命比任何争
吵都重要。

从共同的符号中获得启发

对立性格搭档戴夫·吉尔伯（Dave Gilboa）和
内尔·布鲁门萨尔（Neil Blumenthal）是瓦尔比派克
（Warby-Parker）眼镜电商公司的共同创始人和联合
首席执行官。根据他们网站的介绍，他们销售"高
质量、复古时髦的眼镜产品，售价却只有设计师品
牌眼镜的一半"。他们还将眼镜捐赠给发展中国家
的人们，帮助他们创立自己的眼镜销售业务。[24]

他们选择了来自加拉帕戈斯群岛的蓝脚鲣鸟作

为公司的标志之一。这种栖居在世界偏僻角落的鸟类长相另类有趣，带蹼的脚显得滑稽可笑。这一标志简单直观地代言了瓦尔比派克的企业文化和价值观，体现为"世故老练、见多识广、充满好奇、好学不倦，做事认真严谨、做人轻松活波"。[25]这个标志成了两位朋友的试金石，也是整个公司的标志物，时刻提醒他们共同的价值观。企业统一的符号有助于对立天才之间消除厌恶，让每一个成员都专注于企业的共同价值。

以开放的心胸拥抱短暂的友谊

人与人之间的相逢有时候如浮萍般相聚即散，但从短暂的友谊中我们依然可以学到很多东西。贝丝（Beth）是一个性格内向的图书管理员，她听了我在美国图书馆协会发表的演讲，题目是关于从专注的对话中有所学习。之后，贝丝有感而发地写道："对一个内向者来说，拉斯维加斯是个困难重重的地方。有天晚上，我叫了辆出租车，上车后感到十分疲惫，只想赶紧回到酒店，远离人群……那个出租车司机开始跟我说话，一般情况下我会选择回避，但那天我突然想到'参与式倾听'并决定尝试一下。结果我们聊得非常投缘，还聊到了拿戈玛第经集①（Nag Hammadi codices）和内华达州（Nevada）的教育体系。"

贝丝接着说，她很庆幸她花了些时间倾听并从这位外向的出租车司机口中了解到新的信息。无论是内向者还是外向者，以开放的心胸倾听、与陌生人交流可以扩展你的世界。

平衡隐私需求 自由分享信息

外向的银行家布鲁克（Brook）从内向的分行业务经理莫妮卡（Monica）那里学习并接受如何

---

① 拿戈玛第经集是指一批于1945年在上埃及地区的拿戈玛第所发现的一系列莎草纸翻页书。这批翻页书总共有50多篇不同的文章，大多数都属于早期基督教的诺斯底教派的经书。——编者注

不跨越对方的人际界限。尽管布鲁克一开始感到惊讶，但还是尊重莫妮卡不愿意在工作场合透露自己婚礼的细节。不是每个年轻女孩都会迫不及待地把这些细节分享给自己的女性朋友吗？莫妮卡却更希望保持她个人生活的隐私。而当布鲁克意识到这一点后，她做出了让步，给予她的雇员和工作伙伴所需要的空间。

给外向者和内向者的几点建议

给外向者的建议：请放慢脚步，让身边的内向者在他们认为合适的时候分享他们想分享的东西，这是他们建立信任的方式。时间长了，内向的人会更多地自我透露，那时你们的友谊也会自热而然地进入一种令人舒适的节奏。

给内向者的建议：请分享足够的信息，这样外向的人才能感觉他们能与你建立联系。不要再让不愿透露信息使你们的关系变得脆弱。当外向者感觉跟你在一起很舒服的时候，你们会自然而然地建立双向的卓有成效的交流。

内向者和外向者都需要保持耐心。

打开话匣子

生物学家弗朗西斯·克里克（Frances Crick）说："礼貌是真正的合作关系的丧钟。" [26]

就像蕾拉（Leila）鼓励内向的牙医杰克（Jake）说出他心中的想法那样，互诉心声有助于对立性格搭档建立更加深厚的伙伴关系。内向的咨询师莫琳说，如果能够重新开始的话，她会选择早一些与搭档马克讨论彼此的不同之处。

脸书网执行总监马克·扎克伯格（Mark Zuckerberg）和首席运营官雪莉·桑德伯格（Sheryl Sandberg）之间的高层闭门会非常有名，他们在闭门会上讨论"产品、战略、交易、人事和彼此"。在评价他们的友谊时，桑德伯格描述了她如何指导扎克伯格在公众场合讲话。扎克伯格则赞扬他的对立性格搭档道说："我们交谈30秒钟，但这种信息交流的意义比我在好多会上坐上一个小时还有用。"[27]

试着选择在一个中立的场合进行交谈，比如邀请客人到假日晚餐会上，而不是把客人请到家里。这样即使情绪失控，你们也会对彼此保持礼貌。

给彼此加点料

《创造性阴谋》（*Creative Conspiracy*）一书的作者利·汤普森（Leigh Thompson）曾说过一段话，这段话后来被《快速企业》杂志引用作为对立性格搭档合作共事的例证。她说："我需要找到一个能把我逼疯的人，但这个人还必须能让我检讨自己的行为。"[28]

埃罗尔和安东尼经常互相开玩笑，然后为彼此的差异而开怀大笑。埃罗尔说："没错，安东尼打乒乓球几乎每次都赢我。但我一点也不介意，因为我们总是很欢乐。扫兴的是他总是把工作优先排在打乒乓球之前。真该死！"

　　有一次，我在培训班课间回到办公室时，发现我的内向同事劳埃德（Lloyd）在桌子中间贴了一条长胶带。我承认我确实慢慢地把我的"家当"悄悄挪到了他那边，侵占了他的空间，而他要给我一个明显的暗示。

　　在一同经历了那么多、去过那么多城市以后，我们已经建立起轻松融洽的关系，所以其他人也会跟着我们一起大笑。我们没有因此相互憎恶，而是找到了恰当的方法以我们的方式去克服不满情绪，并且享受恶作剧中的乐趣。

　　喜剧演员和钢琴家维克多·博奇（Victor Borge），说，欢笑是两个人之间最短的距离，成功的对立性格搭档用行动诠释了这句话。挖掘我们天生的幽默感去每天尽情欢笑，这样你们就能够放松、相互支持，更重要的是还可以在共事中保持友谊。

跨出第一步最惊险

对立性格搭档如果能用心经营友谊，则往往能取得相似性格搭档难以达到的非凡成就。他们只有弄懂如何像朋友一样相处，在工作中消除因差异导致的厌恶情绪，才能实现目标。对立性格搭档消除厌恶需要的技巧包括：集中注意向前看、从共同的符号中获得启发、以开放的心胸拥抱短暂的友谊、平衡隐私需求和自由分享信息、打开话匣子和给彼此加点料。把你们共同度过的时光当作带来持续性改变的机会——这种改变可能是非对立性格搭档所组成的团队所无法企及的。

本章小结
GENIUS OF OPPOSITES

思考题
GENIUS OF OPPOSITES

1. 你会采取哪些行动来使自己变得更友善?

2. 你是如何在隐私保护和信息分享中寻求平衡的?

3. 欢笑在你与他人的关系中扮演着怎样的角色?

4. 你如何表达自己对搭档兴趣点的好奇心?

5. 你从你的对立性格搭档那里学到了什么?

7

一方难全

虽然两个人有着截然不同的性格——罗斯福个性积极，有独创性，与塔夫脱爱思考、审慎的性情大相径庭——他们相反的性格实际上证明了互补性，这种互补性使他们建立了深厚的友谊和珍贵的合作关系。

——历史学家多丽丝·卡恩斯·古德温
（Doris Kearns Goodwin）对于威廉·霍华德·塔夫脱（William Howard Taft）和泰迪·罗斯福（Teddy Roosevelt）对立性格关系的评论[29]

一方难全：明白搭档任何一方都无法提供所有的东西，要实现真正的多样性就需要合作，为他人提供最大范围的选择。

斯蒂芬妮（Stephanie）和简（Jane）一起在一家视频制作公司工作，斯蒂芬妮绝对是两人中比较内向的那个。她们两人都表示，她们的差别极大地促进了拍摄工作的成功，推动了她们与客户的持续合作关系。

斯蒂芬妮说："我们最初是在视频制作任务中发现了我俩的个性有多么搭配。简总是能让客户安心，并回答所有问题，而我会确保所有设备都已调好，随时待命。互补的特点不断让我们的团队受益，我们又承担了更多的工作，如销售和行政管理。

"为了使我们的协作尽可能地成功，我和简这些年来一直都能够根据各自的性格优势调整好我们的分工。通过利用她的性格外向的长处和我的性格内向的优势，我们可以非常有效率地工作，为客户创作最佳品质的视频。没有哪个组合能比我们更好了，我们在一起简直势不可挡。"

在客户的眼里，"势不可挡"意味着这些热情而具有创造力的服务人员带来的的模范服务。他们很可能不知道简说话何时会结束，斯蒂芬妮什么时候会开口说话。从这个充满活力的二人组合里，她们收获的绝不仅仅只是一加一。

为什么一方难全是重要的?

客户看到的是连贯流畅

内向/外向的搭档处于同步时，他们会花时间了解各自最擅长的事。斯蒂芬妮和简的一个客户告诉我，她很高兴地看到这个团队连贯流畅的合作所产生的影响。她说："我知道她们有巨大的个性差异，但我最看重她们彼此合作愉快，而且能创作出很棒的视频作品。"

内向/外向的搭档成功时，虽然在幕后可能会有所不同，但在客户面前他们是协调的。他们谦和地进入了自身的角色，避免在办事的最佳方法上产生竞争，而最终他们的表现总会超出预期。

让客户选择个性

迈克·维特恩斯坦（Mike Wittenstein）是一家客户体验咨询公司（Storyminer）的主要管理负

责人，他与9英寸营销（9 Inch Marketing）的创始人和体验建筑师斯坦·菲尔普斯（Stan Phelps）形成了搭档关系。迈克说："在推销各自的团队时，我们发现彼此的差别也可以成为一种优势。客户喜欢不同的个性，这样就可以有不同的选择，以匹配观众的喜好。雇一个，得一对，这是他们愿意看到的。"

有句话说得好，"整体大于部分之和"，特别是长期合作和历经一些复杂的项目之后，尤其如此。

混合搭配给客户更多观点

强大的内向/外向搭档会回避达成共识的压力，转而利用他们之间的差别来展示不同甚至是分歧的意见。世上从来都不会只有一个正确答案，所以服务客户的最佳方式就是展示最多的选择，帮助他们选择其中最适合的。有了这一系列的选择，客户也就志在必得了。

　　我和搭档向企业客户联合提出了一个关于创造商机的项目。我内向的搭档、法裔加拿大人吉莱纳（Ghislaine）提出了一个有助于其业务增长的低调的、有条理、有计划的方法。而我描述了一种更有组织性、更流畅的公司设立方式。我们的观众明显从我们带给这个项目的不同观点中得到了启发，热烈的讨论和踊跃参与就是证明。

　　我们正处于与客户协同合作的时代。在你和你的搭档提出解决问题的不同意见或有冲突的意见时，你的客户也受到了鼓励去深入挖掘，寻找最佳解决方案。你们一起为之努力。你不会想聘请一个由跟自己完全一样的队员组成的内部团队，所以你也不会愿意引入与你思维方式相同的外部服务提供者。

　　性格内向/外向的搭档会为您提供更多的备选方案。而在最后，总会出现一个更具创新性和包容性的解决方案。外向的德布·纽曼（Deb Newman）是加利福尼亚州Kaiser Permanente医疗集团继续教育部门的总管，多年来她与多位内向的专业人士有过密切合作，而且还成了好朋友。她说："深刻的反省和截然不同的看待事物的方式让我们有了丰富的对话。"与德布合作的医疗专家以及与她性格相反的人都大大受益于这些丰富的对话所带来的成果。

倾听客户的声音不只在商界中对于性格相反的搭档有重要意义。创造界的搭档也为市场服务，而且也需要倾听市场并对市场做出反应。约书亚·沃尔夫·申克（Joshua Wolf Shenk）在他的书籍《二人权利》（*Powers of Two*）中介绍了许多创造界的搭档，如文森特·梵高（Vincent Van Gogh）（外向）和他的艺术品经销商兄弟以及支持者西奥（Theo）（内向）。申克写道："西奥成了文森特的顾问，'他的早期作品黑暗而凄凉'。"[30]西奥促使他关注印象派，而在此之前文森特对此一无所知。后来他于1886年2月在巴黎与西奥开始合作，他著名的油画《向日葵》就是听从与其性格相反的兄弟西奥的建议而创作的成果。

一方难全可能面临哪些困境?

在为客户提供多样性选择时，能够"合二为一"的搭档可以漂亮地完成任务，但也会失败得一塌糊涂。以下是失败可能发生的几种情况。

一种风格主宰搭档关系

一种风格可以主宰搭档关系。内向的人会花太多时间思考和分析，而进度就会拖延。决定还没着落，冲突却一触即发，亟待解决。如果时间是最重要的，那么放任内向者的分析就会阻碍进度。而另一方面，外向者会提前催促其搭档或客户以实现销售或完成项目。他们过分的跟踪和急功近利往往会导致客户流失。

性格对立的搭档中的一人会成为万众瞩目的焦点，正如内向的谢里（Sheri）与她外向的老板乔恩（Jon）。谢里描述乔恩时说："在与客户的每一次会面中，我都觉得我是杯子蛋糕的纸托，而他是蛋糕，虽然我对于交谈的问题有更多的一手信息，但他似乎很想在客户面前'露面'。在准备会议上和实际通话中，我都很难让别人听到我的观点。我很沮丧，我觉得这是客户的损失，因为他们没有倾听更有知识但却比较安静的贡献者的观点。"

你忽略不同性格的偏好（且后果自负）

虽然很多人与客户合作时都会考虑到个性风格的问题，但许多性格对立的搭档仍然不懂或不知道如何利用这些方面的知识。由于时间和工作的压力，我们总是专注于手头的工作，却忘了考虑内向者和外向者的偏好问题。

此外，当我们以自己喜欢的方式，而不是他人喜欢的方式进行沟通时，问题就会产生。例如，外向者锐意进取，而内向者会忽略了给出当面交流的时间。单就这些行为并不会产生多大的影响，但日积月累，这些失败的交流积累起来，双方都会感到失望。

你们没有一起准备

我们已经看到了内向/外向的搭档在提供真正的服务时给客户带来的好处。这些由性格对立的人组成的团队可以为他们的客户提供很多可行的选择。但是即使选择再多，如果缺乏共同准备的话，客户还是会被搞得晕头转向。

布莱恩（Brian）是一个性格内向的医疗顾问。他决定与性格外向的项目经理阿瓦（Ava）一起对一家大型教学医院的护理部主任丽莎（Lisa）做一次重要的业务拜访。丽莎向阿瓦提出了有关替代解决方案的问题，而阿瓦的回答过于详细，显得啰嗦。布莱恩观察到丽莎的目光呆滞，她轻轻地打断了阿瓦，要求他为他的潜在客户简化选择。果然，他很快就达成了交易。阿瓦的投入肯定是重要的，但由于他们没有事先排练两个人如何配合发言，没有为可能提出的问题准备答案，他们差点失去一个重要客户和一单重要业务。

你忽略了必要的"买入意向"

沃尔特（Walt）是一个性格内向的公共图书馆管理员，他在美国一个中西部城市工作，他的老板是性格外向的丹尼尔（Daniel），丹尼尔负责社区关系的工作。在商会的最近一次会议上，丹尼尔与当地一家非营利组织筹划共同赞助图书馆的一系列作者参观和节目。他极富热情地向沃尔特介绍了这个计划。他说，这个计划既能为图书馆带来新的赞助人，也能把以往的赞助人吸引回来，而且也是图书馆努力保持其行业参与度的关键一步。

　　沃尔特听到他的老板的热情建议后立即就想转身离开。为什么在丹尼尔敲定这个项目前没有要求他参与呢？他怎么能有时间准备这么多活动和保障后勤呢？除此之外，沃尔特的老板告诉他，他期望一个 "全垒打"。丹尼尔向非营利组织作出承诺之前，沃尔特并没有确认"买入意向"。如果丹尼尔能在启动项目前多花些时间与沃尔特交流，就可以避免为搭档带来很大的焦虑感或凭着一时兴起做事，这样能保证项目成功。

实用对策：把你对搭档的了解
应用到客户身上

利用内向/外向者的偏好来赢得业务

如果你知道客户或顾客的喜好，你就可以为他们提供最好的服务。作者保罗·蒂戈尔（Paul Tieger）称此为"速读人"。[31]这样你们双方就可以根据顾客的方式调配你们的时间和精力。

考虑配合内向性格的客户的休闲式风格。与客户建立信任，让客户有足够时间去消化新数据。你会停顿并且保持安静吗？你是在谈论内向者愿意谈的方面吗？比如流程、数据和体系。如果建议内向者考虑下新数据然后写邮件给你反馈，这样做效果怎样？

你也可以配合外向性格客户"随时都在"的活力。你是否增加了眼神交流，并偶尔微笑呢？是否可以询问他们的兴趣爱好和家庭，从而建立融洽的关系？或者考虑谈论一些你自己的想法，让他们在终极讨论之前听到你的想法。

　　你们任何一个人都不能满足所有需求，但是你们合起来就可以配合内向和外向的客户，并做出相应的调整。不要改变你的性格，但是要灵活调整你的风格。这样不管跟谁打交道你都会很有效率。

采取实际行动灵活应对

　　了解客户的喜好，需要你与客户核对，确保能满足他们的需求。芭芭拉·布兰克（Barbara Bunker）是一个外向的公司发展顾问，她讲述了一个被称为"鱼缸"的非常有效的活动。这项活动由她的工作搭档比利·阿尔本（Billie Alban）发起，因为她担心像她这样的性格内向的人会被她们小组中外向的人说服。

　　比利要求所有的内向者把他们的椅子放一起围成一个圆圈。然后，她让外向者在圈外面再围一个圈。就像一个鱼缸一样，外向的参与者从外圈观看，而内向的参与者则面朝里处于圈内。然后比利让内向者们分享他们对于讨论的想法和反馈。内向者们放开了，说出了各自的感想和反应。他们的意见让外向者们醍醐灌顶，诚恳而不加掩饰的表露让外向者们深受启发。内向者们在没有视觉或听觉干扰的情况下表达了自己的想法，于是随后的讨论中就多了许多更多样化的观点。

利用自己的不同塑造客户的开放性

当客户和顾客看到你拥抱自己作为对立性格的差异时，你同时也塑造了一种开放的氛围，这样客户会更有可能去考虑不同的观点。当他们听到你和你对立性格的搭档为他们提供与自身风格截然不同的观点时，他们也会受到启发。

一对天才搭档中的一位成员说："用不同的方式描述事情是有利的……我们与客户在一起时，交谈非常流畅，一进一退，让客户看到不同风格的人

也可以很好地协同工作。我们的表现也不会让他们
觉得做作。"

与客户和顾客合作时不要试图隐藏自己的内
向/外向的差异。要让他们看到，你有不同的观
点，而且能透彻地谈论事情。

收集信息，甄别有用功和无用功

作为你与客户之间的信息自由流通的一部
分，你要询问客户哪些有用，哪些需要改进，产
品或服务是否符合他们的标准，他们是否从你的
团队得到了及时的反馈，他们还希望你提供什
么，你与他们是否有定期的充分沟通，他们是否
认为这些沟通有效。

你可以利用调查和采访收集有关客户体验的数
据，根据他们的反馈决定怎么改变实施计划。要清
楚自己的角色，并及时将信息反馈给客户。在你和
你的客户（和你的优势）之间，你应该能够对客户

的需求做出反应。然而有时你们双方都不能提供一切，你或客户要决定是否与他人合作或中止项目。作为对立性格的人，你们之间的有力沟通会帮助你渡过难关。

加强团队的表现

你可以利用你的内向/外向者知识和优势更好地与你的搭档合作，并为客户服务。

请看以下这个例子。布鲁克（Brook）是一名外向的副总裁/分公司经理，她说她的性格内向的员工莫妮卡（Monica）并不总是用和她一样的方式接触客户。莫妮卡是一名高层员工，但有一天布鲁克注意到，当出纳遇到一位比较难对付的客户时，莫妮卡没有迅速地出面帮忙，而是选择了沉默。布鲁克后来告诉莫妮卡应该尽快出面帮忙，莫妮卡也非常爽快地接受了。

莫妮卡愿意向她外向的老板学习，这可以帮

助她以可能的最佳方式服务客户。每个搭档都需要
开放地给予和接受反馈，从而使客户从多样性中受
益。请参阅第5章表5.1实时指导的技能。

　　再举一个例子，迪克·阿克塞尔罗德（Dick
Axelrod）是《让我们停止这样会面》（*Let's Stop
Meeting Like This*）一书的合著者，内向的他说，听
从妻子兼合著者艾米莉（Emily）作为外向者的意
见对他写书很有帮助。迪克能想象他的外向读者对
书的反应，外向读者在他的目标读者群中占据相当
大一部分。"艾米莉更像是我们的客户……我在写
书时会尽力想着她，我会想'我们怎么能以不同的
方式描述这件事呢？'"想象艾米莉的声音帮助迪
克与更多读者建立了联系，这无疑促成了这本书的
成功。

利用白板

　　许多关于客户的项目或提供服务的相关工作都

发生在幕后。内向和外向的搭档若能利用各自的优势梳理出多种观点，他们就能实现最好的合作。他们会多次利用各自的优势帮助团队实现最佳结果。

瑞奇·沃尔夫顿（Ricky Woolverton）是一名外向的销售经理，说起他内向的搭档利兹（Liz）时，他说："我们把对方当作共振板。我们常常放下手头的工作，找到一间有白板的会议室。我们会列出关键词以及待做决定的利弊。我们甚至会在做展示之前扮演成不同的客户和雇员，以此来了解彼此不同的潜在观点。"

这段刻意安排的白板时间让他们每人都有机会表达自己的担忧。利兹说："我会认真地看数据，然后进行下一步操作，而瑞奇想要直接把事做完。"用白板准备可以让他们通过利用各自的风格优势创造最佳的解决方案，也能让客户从他们的合作中得到显而易见的结果。每个人都无法独自做到这一点。

丰富你们的两种观点
完善解决方案

本章小结
GENIUS OF OPPOSITES

在对立性格搭档的工作中，为客户提供内向和外向的观点不仅可以给客户一系列的意见，而且也可能会帮助客户找到更好的解决方案。接受一方难全的事实需要培养特殊技能。对立性格的人组成的团队需要了解客户对于内向/外向的偏好，经常与客户核对，充分利用自身的差异鼓励客户直言，不断收集客户的反馈。不过，所付出的辛苦也是值得获得回报的。客户也常会感到自己得到了超出预期的服务。

1. 客户和顾客如何能从你们多样化和不同的意见中受益？

2. 你如何知道哪些信息对客户有用，哪些没用？

3. 如何在与客户见面之前实现与客户思想的同步？

4. 你如何为客户塑造开放性的氛围？

5. 你会采取什么方法了解客户的内向性或外向性能量模式？

思考题
GENIUS OF OPPOSITES

第三部分　关注结果

8

时刻关注结果

"我们看待事物的方式完全不同，但这很奇妙！"对于与性格内向的搭档亨利（Henry）的合作，外向的奥利维亚（Olivia）这样感叹道。

达到奥利维亚所描述的境界并不是轻而易举的。和与你性格对立的搭档合作，创造不平凡的成就，需要遭受很多挫败感和困惑，然后才能体验到共享成果的喜悦。

让你们的关系保持活力，而不是靠惯性维持，是你们的目标。认真地保持同步可以让你们形成强大的搭档关系，而纠结于你们的差别则可能会导致灾难性的后果。

所以请记住，你们双方需要一直关注结果，不要将结果与过程混淆。结果就是要实现你们共同为之奋斗的目标，过程就是你们如何去实现。因为性格对立，所以你们实现的方式也绝不相同。

在你们的关系中，你们都应该不断地去反思一个大问题："你们想要实现的共同目标是什么？"

如果你和搭档可以抛开你们的差异，转而关注你们共同的目标，那么你们就有极大的机会去创造出非凡的成就。

即刻付诸行动

在这种微妙的动态关系中有许多变动因素，而这本书中提出的建议会帮助你们实现德布所描述的奇妙结果。

在你们开始合作之前是不是还有诸多疑问呢？请看如下解答：

1. 你如何践行对立天才制胜法则中这五个切实可行的步骤？想要经常看到对立天才的法则，请选择将该版本下载到你的智能手机上（可访问 **www.jenniferkahnweiler.com** 获取），放置在桌面上，或放在屏幕保护程序中，让它成为你日常生活的一部分。

2. 这本书中是否有具体的故事或例子让你受到了启发？你从这些故事或例子中吸取到了哪些适用于你自己的情况的经验？

3. 你如何采用与你的搭档所不同的方法？参考第3章"定期见面和谈话"一节，每周应用一个新方法。留意你所得到的结果是否有变化？有何变化？

4. 30日内你是否愿意再次接受第二章中的测验？

◎如果你的搭档愿意，请他或她也这样做。

◎你的个人得分是否提高了？

◎你搭档的分数如何？

◎哪些内容对合作共事产生了效果？

◎哪些内容对合作共事没有产生效果？

◎你现在实现了什么结果？

5. 想想当前你与对立性格搭档合作的工作项目。你们是否受到过打击？你们可以利用对立天才制胜法则中的哪一步来改善情况？

6. 与家人和朋友相处时对立天才制胜法则中的哪些要素是有用的？工作之外尝试这些方法会增加你的实践和信心，帮助你加强工作中的关系，并实现最终目标。

7. 展望未来，在下一个任务、项目或创造性的努力中你想实现什么样的结果？你如何利用对

立天才制胜法则，与未来的对立性格搭档有一个
良好的开端?

　　灵感最终要落实于行动。最后，我们想引用这
对来自澳大利亚的搭档埃罗尔和安东尼睿智的话语
作为结束语，他们的观点贯穿了整本书。

　　　如果没有对方，我们的事业就不
会得以实现并像现在一样成长。尽管
我们各不相同，但是对方还没开口，
我们已经知道如何接上。
　　　——埃罗尔·拉格兰奇　外向者

　　　我们两个就像阴和阳，虽然本质不
同，但这种差异才是力量的根基。在那
里我们找到了共同基础、共同价值和愿
景，但其核心是多样性。
　　　——安东尼·莫瑞斯　内向者

对于开篇德布的感叹，我想说：
"希望你们能够一同发现对方的天才，
    并且收获奇妙的成果。
感谢你们和我一起踏上这次旅程。"

致　谢

感谢我的母亲露希尔·伯雷兹（Lucille Boretz），感谢你的温暖、独立和充满感染力的笑声，是你教会了我如何爱与被爱。天堂中的父亲埃尔文·伯雷兹（Alvin Boretz），对您我无以为报，您的热情与活力我至今仍能感受。我每天都在思念您。您曾对我说："要有所贡献，珍妮（Jenna）。"这句话指引着我的人生旅程。您教会了我如何永远保持好奇心和坚定执着的意志。

感谢我的丈夫比尔（Bill），也是我的对立性格搭档。感谢你这么多年给我的爱。我知道当我躲在书房创作时，你也在偷偷享受梦寐以求的独处时光。阿罗（Arlo）有他的爱丽丝（Alice），而我有我的比尔，亲爱的，要继续钻研厨艺。另外，我喜欢你当起顽皮外公的样子，你那么怡然自得地就进入了这个新角色。

　　还有我美丽的女儿们。感谢你，琳茜·古德伯格（Lindsey Goldberg）。你完美地驾驭初为人母、职业女性和家庭照料之间的巧妙平衡，我为你感到骄傲！你是个睿智的倾听者，真正关心着我的生活。感谢你，杰茜·康维勒（Jessie Kahnweiler）。你无所畏惧地为这个世界带来你那美丽、勇敢而疯狂的作品，让我都深受启发、自愧不如。是你让我确信自己身上带着创造性的基因。

　　感谢你，我可爱的外孙女艾娃·鲁斯（Ava Ruth）。你在摄像头前或是在外婆身边，都带给我难以言表的欢乐。我喜欢和你一起翻动书页，陪伴在你身边一切都是那么轻松。感谢我的女婿亚当·古德伯格（Adam Goldberg）[又名莱恩·菲利普（aka Ryan Phillipe）]，感谢你的机智、风趣和漂亮的全家福照片。更要感谢我的公公罗·康维勒（Lou Kahnweiler）、我亲爱的姐姐卡丽·伯雷兹（Carrie Boretz）、我的姑姑阿利娜·贾森（Arline Garson），以及我在纽约和芝加哥的家人，向你们表达深深的爱意和感激。

感谢我的团队，阿琳·科恩（Arlene Cohn）、尼克·阿尔特（Nick Alter）、斯蒂芬·伯顿（Steven Burton）和贝基·罗宾森（Becky Robinson），以及佐治亚州邓伍迪联合包裹服务公司（UPS）的明星团队，我喜欢和你们大家一起合作和创造。感谢我才华横溢的编辑南希·布洛伊尔（Nancy Breuer），你是英语语言方面真正的天才，温和地指导我完成更简洁清晰的文字，同时尊重我的意见和日程安排。感谢乔恩·佩克（Jon Peck），你带头上阵实现了如此完美的制作。

感谢吉凡·西瓦苏布拉曼尼姆（Jeevan Sivasubramaniam）和贝尔特·科勒（Berrett Koehler）两位出版社杰出的编辑，我的对立天才。你们帮助我揭开了本书的核心，深化了故事内容。你们对我的每个要求都做出了充分耐心的反馈，即使是有些神经质的要求也会给予尊重。

感谢贝尔特·科勒出版社首席执行官史蒂夫·皮尔桑迪（Steve Piersanti），你伸出双手接纳和相信内向者和外向者都有价值并且可以共处于这个世界。

感谢手稿审读者卡萝·梅兹克（Carol Metzker）、帕梅拉·戈登（Pamela Gordon）、丹妮尔·古德曼（Danielle L. Goodman）所提出的犀利的建议，你们真不简单。

感谢贝尔特·科勒出版社的其他重要成员：克里斯滕·弗兰茨（Kristen Frantz）、拉塞尔·卫普勒（Lasell Whipple）、里克·威尔森（Rick Wilson）、考特尼·施容菲尔德（Courtney Schonfeld）、迈克·克劳利（Mike Crowley）、凯蒂·锡安（Katie Sheehan）、乔安娜·沃德林（Johanna Vondeling）、玛利亚·杰茜·阿圭罗（Maria Jesus Aguilo）、凯瑟琳·莱格罗尼（Catherine Legronne）、佐伊·马基（Zoe Mackey）、安娜·莱恩伯格（Anna Leinberger）、格蕾丝·米勒（Grace Miller）、玛丽娜·库克（Marina Cook）、戴维·马绍尔（David Marshall）和夏洛特·阿什洛克（Charlotte Ashlock），你们是最棒的。我愿意随时待命做你们的"一日女王"。

我还要对贝基·罗宾森（Becky Robinson）、
艾丽莎·艾默生（Elissa Amerson）、戴维·巴萨
拉伯（Dave Basarab）、芭芭拉·麦卡菲（Barbara
McAfee）、杰茜·斯托纳（Jesse Stoner）、比
尔·斯坦顿（Bill Stainton）、约书亚·沃尔夫·申
克（Joshua Wolf Shenk）、亚当·格兰特（Adam
Grant）、迪克·阿克塞尔罗德（Dick Axelrod）、
艾米丽·阿克塞尔罗德（Emily Axelrod）、玛西
亚·雷纳尔德斯（Marcia Reynolds）、比尔·特
雷杰尔（Bill Treasurer）、苏珊·蔡德曼（Susan
Zeidman）、戴夫·萨默斯（Dave Summers）、
亚历克山大·沃特金斯（Alexandra Watkins）、
丽莎·麦克雷奥德（Lisa McLeod）、维奈·库马
尔（Vinay Kumar）、迈克尔·普林斯（Michael
Prince）、兰·贝库（Lan Bercu）、肯·芬奇
（Ken Futch）、皮特·魏斯曼（Pete Weissman）、
戴维·格林伯格（David Greenberg）、吉尼·格
雷斯曼（Gene Greiss-man）、史蒂芬妮·罗默
（Stephanie Roemer）、苏珊娜·理查德（Suzanne
Richards）、里卡·鲁伊斯（Richar Ruiz）深表感

谢，感谢你们对我工作的信任。

　　我要特别为那些创作出内向人格方面突破性著作的作者们高呼，包括苏珊·凯恩（Susan Cain）、贝斯·比洛（Beth Buelow）、索菲娅·德姆布林（Sophia Dembling）、南希·安考维茨（Nancy Ancowitz）和瓦尔·内尔森（Val Nelson）。

　　我也十分感谢我的读者们，在你们身上我学到了很多。感谢所有对立的天才，你们在长达数小时的访谈中坦诚分享了自己的故事，你们慷慨地付出了时间、真诚和灼见，没有你们就没有这本书。

　　由于篇幅有限，我无法一一列出其他为本书做出贡献的人们，我在心里永远感谢你们。

　　最后我想说的是，贝尔特·科勒出版社的另一位作者，也是我们的朋友杰米·肖吉尔（Jamie Showkeir）给我上了重要的一课，他是近期我勇气和优雅的最大来源。杰米（Jamie）正在与肌萎缩侧索硬化症勇敢地抗争，他和他的妻子玛伦（Maren）每天坚持爬山，他们如此美丽，也教会了我如何用心品味每一天。

　　双手合十向你们致敬！

注　释

Chapter 1

[1] Oliver Leiber. Opposites Attract. Recorded by Paula Abdul, 1988.

[2] Beth Buelow. The Introvert Entrepreneur: Amplify Your Strengths and Create Success on Your Own Terms[M]. New York: Penguin, to be released, 2016.

[3] Jonathon Rauch. Caring for Your Introvert[J]. The Atlantic Magazine, 2003-03-01.

[4] Devora Zack. Networking for People Who Hate Networking[M]. San Francisco: Berrett Koehler, 2010.

Chapter 3

[5] Joshua Wolf Shenk. Powers of Two[M]. Boston: Houghton Mifflin Harcourt, 2014: 245.

[6] Brad Stone. The Everything Store[M]. Boston: Little, Brown, 2013: 28.

[7] David Kiersey and Marilyn M. Bates. Please Understand Me[M]. Prometheus Nemesis, 1984: 1.

Chapter 4

[8] Joshua Wolf Shenk. Powers of Two[M]. Boston: Houghton Mifflin Harcourt, 2014: 19.

[9] Betsy Polk and Maggie Ellis Chotas. Power Through Partnership: How Women Lead Better Together[M]. San Francisco: Berrett-Koehler, 2014: 109.

[10] Robert Lutz. Straight Talk from Bob Lutz on 6 Auto CEOs[J]. Fortune, http://fortune.com/2013/06/04/straight-talk-from-bob-lutz-on-6-auto-ceos/, 2013-06-04.

[11] Nilofer Merchant. Sitting is the Smoking of our Generation[J]. Harvard Business Review, https://hbr.org/2013/01/sitting-is-the-smoking-of-our-generation/, 2013-01-14.

Chapter 5

[12] David A Heenan and Warren Bennis. Co-Leaders: The Power of Great Partnerships[M]. New York: John Wiley, 1999: 227.

[13] Peter Elstrom. Alibaba CEO Lu Rises From Holiday Inn Job to Ma Confidant[OL]. Bloomberg, www.bloomberg.com/news/2013-11-17/alibaba-ceo-lu-rises-from-holiday-inn-job-to-ma-confidant-tech.html, 2013-11-18.

[14] Adam Grant. Rethinking the Extraverted Sales Ideal: The Ambivert Advantage[J]. Psychological Science, 2013-04-08: 1024–1030

[15] Joshua Wolf Shenk. Powers of Two[M]. Boston: Houghton Mifflin Harcourt, 2014: 66–67.

[16] David A. Heenan and Warren Bennis. Co-Leaders: The Power of Great Partnerships[M]. New York: John Wiley, 1999: 279.

[17] Roger Rosenblatt. The Straight Man[J]. Modern Maturity, 1996(7–8): 20.

[18] Michael Patrick Welch. An Interview with John Oates, Who Deserves Your Respect[J]. Vice, www.vice.com/read/john-oates-new-orleans-interview, 2013-10-21.

[19] Adam Grant. Give and Take[M]. New York: Viking, 2013: 79–82.

[20] Nancy Ancowitz. Secrets to a Successful Introvert-Extrovert Team[J]. Psychology Today, www.psychologytoday.com/blog/self-promotion-introverts/201003/secrets-successful-introvert-extrovert-team, 2010-03-15.

[21] Brad Sugars. Avoid These 7 Partnership Killers[J]. Entrepreneur, www.entrepreneur.com/article/196912, 2008-09-10.

Chapter 6

[22] Joshua Wolf Shenk. Powers of Two[M]. Boston: Houghton Mifflin Harcourt, 2014: 17.

[23] Joshua Wolf Shenk. Powers of Two[M]. Boston: Houghton Mifflin Harcourt, 2014: 182.

[24] 5 Minutes with Neil Blumenthal, Co-Founder and Co-CEO, Warby Parker[J]. Delta Sky Magazine, 2014(9): 30.

[25] Neil Blumenthal and David Gilboa. Dynamic Duos: 5 Brilliant Business Lessons from Warby-Parker's CEOs[J]. Fast Company, 2013(11). www.fastcodesign. com/3016313/design-50/dynamic-duos-5-brilliant-business-lessons-from-warby-parkers-ceos.

[26] Joshua Wolf Shenk. Powers of Two[M]. Boston: Houghton Mifflin Harcourt, 2014: 180.

[27] Miguel Helft. Mark Zuckerberg's Most Valuable Friend[M]. New York Times. www.nytimes. com/2010/10/03/business/03face.html?_r=4& , 2010-10-02.

[28] Leigh Thompson. Creative Conspiracy: The New Rules of Breakthrough Collaboration[M]. Boston: Harvard Business Review Press, 2013: 91.

Chapter 7

[29] Doris Kearns Goodwin. The Bully Pulpit[M]. New York: Simon & Schuster, 2014: 94.

[30] Joshua Wolf Shenk. Powers of Two[M]. Boston: Houghton Mifflin Harcourt, 2014: 74–75.

[31] Paul Tieger. The Art of Speedreading People[M]. Boston: Little, Brown, 1999.

图书在版编目（CIP）数据

对立的天才：内向者与外向者如何优势互补 / （美）康维勒
著；赵婷译. — 杭州：浙江大学出版社，2016.4
书名原文：The Genius of Opposites: How Introverts and Extroverts
Achieve Extraordinary Results Together
ISBN 978-7-308-15700-1

Ⅰ. ①对⋯ Ⅱ. ①康⋯ ②赵⋯ Ⅲ. ①心理交往—通俗读物
Ⅳ. ①C912.1-49

中国版本图书馆CIP数据核字(2016)第058859号
浙江省版权局著作权合同登记图字：11-2016-179

对立的天才：内向者与外向者如何优势互补

（美）珍妮弗·B.康维勒 著　　赵 婷 译

策　　划	杭州蓝狮子文化创意股份有限公司
责任编辑	黄兆宁
责任校对	卢 川
封面设计	水玉银文化
出版发行	浙江大学出版社
	（杭州天目山路148号　邮政编码：310007）
	（网址：http://www.zjupress.com）
排　　版	杭州林智广告有限公司
印　　刷	杭州钱江彩色印务有限公司
开　　本	880mm×1230mm　1/32
印　　张	6.25
字　　数	88千
版 印 次	2016年4月第1版　2016年4月第1次印刷
书　　号	ISBN 978-7-308-15700-1
定　　价	36.00元

版权所有　翻印必究　　印装差错　负责调换

浙江大学出版社发行中心联系方式：(0571) 88925591；http://zjdxcbs.tmall.com